Frank Reintgen / Klaus Vellguth

Menschen-Leben-Träume
Jugendgottesdienste.

Frank Reintgen
Klaus Vellguth

Menschen – Leben – Träume

Jugendgottesdienste.

FREIBURG · BASEL · WIEN

Alle Rechte vorbehalten – Printed in Germany
© Verlag Herder Freiburg im Breisgau 2002
www.herder.de

Umschlaggestaltung Berres + Stenzel, Freiburg

Herstellung: fgb · freiburger graphische betriebe
www.fgb.de

Gedruckt auf umweltfreundlichem,
chlorfrei gebleichtem Papier
ISBN 3-451-27719-0

Vorwort

Außergewöhnliche Gottesdienste auf dem Weg zur Firmung, die Jugendliche ansprechen, stellen wir Ihnen in diesem Buch vor: Firmgottesdienste, Jugendgottesdienste, Gottesdienste, in deren Rahmen die Firmlinge sich der Gemeinde vorstellen, multimediale Gottesdienste, Andachten, Früh- bzw. Spätschichten, Bußgottesdienste, einen Pilgerweg und eine liturgische Nacht.

Wichtig ist uns bei diesen Entwürfen, dass sie aus der Praxis für die Praxis entstanden sind. Zwei Aspekte haben wir bei allen Liturgievorschlägen beachtet: Zum einen sollen sie den liturgischen Reichtum der Kirche atmen. Zum anderen sollen die Entwürfe aber auch ein wenig aus dem Rahmen fallen, damit sie selbst die Jugendlichen ansprechen, die keine oder nur wenig liturgische Praxis besitzen.

Diese fehlende liturgische Praxis vieler junger Christen ist im Rahmen einer Firmvorbereitung eine Herausforderung. Sie kann dazu ermutigen, Jugendlichen die unterschiedlichen Formen der Liturgie schmackhaft zu machen. Dies kann gelingen, wenn die jungen Menschen spüren, dass ein Gottesdienst ihr Leben bereichert. Deshalb haben wir immer wieder Elemente integriert, die am Alltag der Jugendlichen anknüpfen und von dort aus religiöse Erfahrung ermöglichen.

Gerade meditative Formen können Jugendlichen helfen, einen Zugang zur Liturgie und zum Gebet zu finden. Sie schließen auch die jungen Menschen nicht aus, die am Anfang ihrer religiösen Entwicklung stehen. Und sie berücksichtigen, dass Jugendliche entwicklungspsychologisch betrachtet stark mit der Identitätsfindung beschäftigt sind. Wenn Gottesdienste dazu beitragen, Jugendlichen bei den Weichenstellungen in dieser prägenden Lebensphase Orientierung zu bieten, erleben junge Menschen sie als Gewinn für ihr eigenes Leben.

Da es sich bei der Firmung um einen Initiationsritus handelt, soll neben der individuellen Erfahrung auch die kollektive Dimension von Liturgie zum Tragen kommen. Während einige Entwürfe in diesem Buch sich für Gottesdienste eignen, die eigens für Jugendliche auf dem Weg zur Firmung angeboten werden, sind andere Entwürfe bewusst als Gemeindegottesdienst konzipiert. Sie bauen Brücken und schaffen Berührungspunkte mit der liturgischen Praxis einer Kirchengemeinde. Dies soll dazu beitragen, Jugendliche mit dem Alltag der Kirche vor Ort in Kontakt zu bringen und zumindest in Ansätzen zu integrieren.

Die Entwürfe sind komplett ausformuliert und inhaltlich auf die verschiedenen Wegstrecken des Firmkurses »Menschen-Leben-Träume« abgestimmt. Sie finden Vorschläge zu allen sechs Themenfeldern, in die sich der Firmkurs gliedert: Identität, Gott, Jesus Christus, Heiliger Geist, Kirche und Wegentscheidung. Doch natürlich lassen sich alle Entwürfe auch außerhalb dieses Firmkurses mit Jugendlichen gestalten.

Ihnen und den jungen Menschen, mit denen sie diese Gottesdienste feiern, wünschen wir viel Freude und die Erfahrung, dass wir in der Liturgie unsere Seele mit etwas in Berührung bringen, das größer ist als wir selbst.

Frank Reintgen / Klaus Vellguth

Inhaltsverzeichnis

Identität
Eine Atempause
11 Wie frei willst du sein?
Ein multimedialer Gang durch die Kirche
16 Da wird mir Angst und Bange ...
Messfeier für Jugendliche und Erwachsene
28 Leben – aber wie?
Ein Bußgottesdienst
35 Worauf sollen wir hören
Ein Bußgottesdienst
43 Leben im Gleichgewicht – im Gleichgewicht leben

Gott
Eine Atempause
53 Gott, du Unsagbarer
Eine Frühschicht
58 Gott, der gute Schöpfer
Ein Pilgerweg
64 Wege zum Glauben
Ein multimedialer Gang durch die Kirche
70 Gott, wo bist du?

Jesus Christus
Eine Atempause
87 Mitten unter uns
Eine Frühschicht
92 Jesus – wer ist das?
Ein Gemeindegottesdienst
99 Steh auf

Heiliger Geist
Eine Atempause
107 Wer nicht er selbst wird
Eine Jugendmesse
111 Begeistert glauben
Eine Frühschicht
116 In mir brennt ein Feuer

Kirche
Eine Atempause
123 Ein tragfähiges Fundament
Eine Frühschicht
127 Mein Standort in der Kirche
Ein multimedialer Gottesdienst
131 Du bist Kirche
Messe nicht nur für Jugendliche
144 Kirchenträume

Firmung
Eine Atempause
153 Du musst entscheiden
Liturgische Nacht in der Kirche
158 Mein Glaubensbekenntnis
Eine Messfeier zur Eröffnung der Firmvorbereitung
174 Sag nicht, ich bin zu klein
Ein Firmgottesdienst
180 Drachen sollen fliegen
Ein Firmgottesdienst
186 Menschen-Leben-Träume

Abkürzungsverzeichnis

GL	Gotteslob. Katholisches Gebet- und Gesangbuch. Es werden jeweils die Liednummern angegeben.
Mein Liederbuch I	Mein Liederbuch. Für heute und morgen. Tvd-Verlag, Düsseldorf 1981. Es werden jeweils die Liednummern angegeben.
Mein Liederbuch II	Mein Liederbuch 2. Ökumene heute. Tvd-Verlag Düsseldorf 1991. Es werden jeweils die Liednummern angegeben.
Troubadour	Bernward Hoffmann: Troubadour für Gott. Neue geistliche Lieder, 6. erweiterte Auflage 1999, hg. v. Kolping-Bildungswerk, Diözesanverband Würzburg e.V., Sedanstr 25, 97082 Würzburg. Es werden jeweils die Liednummern angegeben.
Unterwegs	Allgemeiner Cäcilienverband für Deutschland, Deutsches Liturgisches Institut, Zentralkomitee der deutschen Katholiken im Auftrag der Deutschen Bischofskonferenz (Hg.): Unterwegs. Lieder und Gebete, ohne Jahresangabe. Bestelladresse: Deutsches Liturgisches Institut, Postfach 2628, 54216 Trier. Es werden jeweils die Liednummern angegeben.
Wellenbrecher	Deutscher Katecheten Verein: Wellenbrecher, Lieder für den Aufbruch. 1983 (1. Ergänzungslieferung 1985, 2. Ergänzungslieferung 1987). Es werden jeweils die Seitenzahlen angegeben.

Identität

Wie frei willst Du sein?

Eine Atempause

Vorbemerkung
Als Material wird benötigt:
◆ Kopien des Holzschnitts »Befreiung« von M.C. Escher
◆ Kopien mit einem Vogel aus M.C. Eschers Holzschnitt »Befreiung«, versehen mit dem Satzanfang »Ich will frei sein, damit ...«
◆ Stifte
◆ Briefumschläge
◆ CD mit meditativer Musik
◆ CD-Player

Lied: Suchen und Fragen, Unterwegs 43.

Begrüßung
Ich begrüße euch herzlich zu unserem Gottesdienst. Gottesdienst heißt: Ausbrechen aus dem oft so turbulenten Alltag. Innehalten. Durchatmen. Zeit haben. Oder besser: Zeit nehmen. Zeit nehmen für mich und für Gott. Und dabei merken: Das tut mir richtig gut. Gemeinsam wollen wir uns nun etwas Gutes tun und miteinander unser Leben betrachten. Es ist ein Geschenk Gottes. Gott hat uns dieses Geschenk gegeben, damit wir es glücklich annehmen und gestalten. In seinem Namen beginnen wir den Gottesdienst: Im Namen des Vaters, des Sohnes und des Heiligen Geistes. Amen.

Lied: In Ängsten die einen, Troubadour 108.

Impuls
Alle Teilnehmer erhalten eine Kopie des Holzschnitts »Befreiung« von M.C. Escher. Der Gottesdienstleiter lädt dazu ein, das Bild zwei Minuten lang still zu betrachten. Während dieser Zeit kann im Hintergrund eine ruhige Meditationsmusik gespielt werden. Dann spricht der Gottesdienstleiter die folgenden Impulse. Zwischen den Impulsen lässt er jeweils eine kurze Zeit der Stille (ca. eine halbe Minute):

M.C.Escher's »Befreiung« © 2001 Cordon Art B.V. – Baarn – Holland.
All rights reserved.

Ich lade euch dazu ein, im Bild des niederländischen Grafikers M.C. Escher auf die Suche zu gehen. Wo findet ihr euch und euer Leben wieder?
- ◆ Findet ihr euch eher in den dunklen Flächen des Bildes wieder oder im hellen Bereich?
- ◆ Was macht euer Leben hell?
- ◆ Und was macht euer Leben dunkel?
- ◆ Findet ihr euer Leben im unteren Bildbereich, dort, wo die Konturen der Formen klar zu erkennen sind?
- ◆ Fühlt ihr euch in eurem Leben manchmal auch so eingezwängt wie die Formen am unteren Bildrand?
- ◆ Was zwängt euch ein: Zuhause, in der Schule, am Ausbildungsplatz oder im Freundeskreis …?
- ◆ Oder findet ihr euer Leben eher in luftiger Höhe wieder? Dort, wo die Vögel scheinbar frei und unbeschwert durch die Lüfte schweben?
- ◆ Vielleicht erkennt ihr euch aber auch in der Bildmitte wieder. Dort, wo sich alles Starre auflöst und scheinbar nach oben bewegt?
- ◆ Was macht euch frei? Und wie fühlt sich Freiheit in eurem Leben an?
- ◆ Lasst eure Augen zum Abschluss noch einmal über den Holzschnitt von M.C. Escher gleiten. Wo möchtet ihr mit eurem Leben stehen?

Gebet
Guter Gott,
unser Leben ist ein großes Geheimnis, dass du uns anvertraut hast. In ihm gibt es viel zu entdecken. Dabei stoßen wir in helle und dunkle Regionen vor. Manches in unserem Leben freut uns, anderes macht uns traurig. Manches lässt uns frei leben, anderes engt uns ein. Wir danken dir, dass du uns zu dieser Entdeckungsreise ermutigst. Und wir bitten dich, dass du uns den Weg unseres Lebens finden lässt: aus der Enge hinaus in die Weite, die du uns verheißen hast. Amen.

Lied: Herr, deine Liebe, Troubadour 1.

Lesung Röm 8,23–28: Die Hoffnung auf die Erlösung der Welt.

Aktion

Zunächst teilt der Gottesdienstleiter Kopien des Vogelmotivs und Stifte aus. Dann lädt er die Jugendlichen ein, den Satz »Ich will frei sein, damit ...« zu vervollständigen. Während dieser Aktion sollte nicht gesprochen werden. Oft werden Jugendliche nicht nur einen Zettel beschriften, sondern um weitere Zettel bitten. Deshalb sollten genügend Zettel kopiert und ausgeschnitten sein. Im Hintergrund kann meditative Musik eingespielt werden, z.B. das Lied »Freisein« von Xavier Naidoo.

Wenn alle Jugendlichen ihre(n) Zettel beschriftet haben, verteilt der Gottesdienstleiter Briefumschläge: Legt euren Zettel nun in den Briefumschlag und klebt ihn zu. Bewahrt ihn bitte bis zum Wochenende auf. Am Sonntag könnt ihr den Umschlag wieder öffnen. Wenn ihr euren Zettel dann wieder findet, erinnert er euch noch einmal an unseren heutigen Gottesdienst und daran, dass Gott uns ein Leben in Freiheit wünscht.

Fürbitten

Guter Gott, du willst, dass wir unsere Freiheit genießen und mit unserem Leben glücklich sind. Dich bitten wir:

Jugendliche fühlen sich in ihren Familien eingeschränkt. Sie hören so viele Vorschriften und Verbote, dass sie sich nicht frei entfalten können. Für diese Jugendlichen bitten wir:
Herr, erbarme dich.

Auch in der Schule wird Druck ausgeübt von Lehrern und Mitschülern. Manchen Schülern raubt dieser Druck die Luft zum Atmen. Für diese Schüler bitten wir:
Herr, erbarme dich.

Viele Menschen fühlen sich selbst im Freundeskreis nicht wohl. Sie spüren Erwartungen, die sie erfüllen müssen, um akzeptiert zu werden. Für diese Menschen bitten wir:
Herr, erbarme dich.

Viele Jugendlichen haben keinen Freundeskreis, in dem sie sich geborgen fühlen. Sie fühlen sich einsam. Für diese Jugendlichen bitten wir:
Herr, erbarme dich.

Auch in unserem Leben gibt es viele Dinge, die uns einzwängen, obwohl du uns doch die Freiheit schenkst. Auch für uns selbst bitten wir: Herr, erbarme dich.

Gott, vor dir müssen wir uns nicht verstellen. Vor dir dürfen wir so ein, wie wir sind. Dir dürfen wir alles sagen. Deshalb vertrauen wir dir alle unsere Sorgen und Bitten an durch Christus, unseren Bruder und Herrn. Amen.

Vaterunser

Segen
Gott segne dich auf allen deinen Wegen.
Er mache deine Dunkelheit hell
und lasse dein Leben in einem neuen Licht glänzen.
Er löse deine Fesseln
und führe dich in die verheißene Freiheit.
Er reiße dich aus der Tiefe deiner Angst
und führe dich hinauf in die Höhe der Geborgenheit.
Er befreie dich aus deinen Zwängen des Alltags
und lasse dich zum Himmel schweben.
Dazu segne dich und uns alle der gute Gott:
Der Vater, Sohn und Heilige Geist. Amen.

Lied: Wenn der Himmel in unsre Nacht fällt, Troubadour 791.

Da wird mir Angst und Bange ...
Ein multimedialer Gang durch die Kirche

Vorbemerkung
Die Gottesdienstform des »multimedialen Gangs durch die Kirche« ist relativ unbekannt. Wichtige Bestandteile dieser Gottesdienstform sind:
- In der Kirche sind verschiedene Stationen aufgebaut, die die Teilnehmer zur Auseinandersetzung mit einem bestimmten Thema anregen.
- Bei diesen einzelnen Stationen werden unterschiedliche Medien eingesetzt (z.B. Bild, Dia, Lied, Hörspielauszug ...). Ziel ist es, die Teilnehmer auf ganzheitliche Weise und mit möglichst vielen Sinnen anzusprechen.
- Jeder Teilnehmer geht den Gang für sich alleine. Dennoch gibt es Punkte, an denen (teilweise nonverbale) Kommunikation stattfinden kann.
- Der multimediale Gang findet in Stille oder bei meditativer Musik statt. Es wird nicht gesprochen.
- Am besten eignet sich für diese Gottesdienstform ein Abend bzw. eine Nacht.

Diese »multimediale« Gottesdienstform führt zu einer intensiven persönlichen Auseinandersetzung mit einem Thema und lässt Raum für die religiöse Dimension, die sonst oft auf der Strecke bleibt. Glaube kann hier sehr eng mit persönlichen Erfahrungen erlebt werden. Jugendlichen kommt der Event-Charakter dieser Gottesdienstform entgegen.
 Der Aufwand für die Vorbereitung eines multimedialen Ganges ist relativ hoch. Doch der Aufwand lohnt sich, weil der multimediale Gang für die Teilnehmer ein tiefes religiöses Erlebnis darstellt.
 Bei dem hier vorgestellten multimedialen Gang wurde ausgehend von biblischen Berichten über die letzten Stunden im Leben Jesu das Thema »Angst« aufgegriffen.
 Vor dem Gottesdienst müssen die fünf Stationen vorbereitet werden. (An welcher Stelle sich die Stationen in der Kirche befinden ist grundsätzlich egal und hängt von den Gegebenheiten vor Ort ab. Wichtig ist, dass die Stationen in ausreichender Entfernung von einander liegen.)

An den entsprechenden Stationen müssen folgende Dinge bereit liegen:

Inhalt	Material
Begrüßung	✓ CD-Player bzw. Kassettenrekorder ✓ CD / Kassette mit dem Song »Angst« von Herbert Grönemeyer (auf: »Sprünge«, Emi Electrola 1986) ✓ Texte des Songs »Angst« von Herbert Grönemeyer (u.a. in: Menschen-Leben-Träume. Der Firmkurs. Texte, Lieder, Bilder für junge Menschen, Freiburg 2001, S. 22) ✓ CD / Kassette mit ruhiger Musik (Spielzeit mindestens 70 Minuten)
Station: »angenagelt« ➤ Im Mittelpunkt dieser Station steht das Bild »angenagelt«. Dieses Bild wird so befestigt, dass man sich unter das Bild auf den Rücken legen und das Bild so, auf dem Rücken liegend, betrachten kann. (Wir haben dazu das Bild, das auf einer Spanholzplatte – man kann auch einen alten Bilderrahmen nehmen – aufgezogen war, mit einer Kordel an einer Querverstrebung in unserer Kirche befestigt, so dass es mehr oder weniger frei in der Luft hing.) ➤ Zudem muss der Boden mit einem Teppich (oder mit Isomatten) ausgelegt werden. Das Bild / Plakat »Station: angenagelt« und der dazugehörige Text (siehe Kopiervorlage) ist in der Nähe befestigt.	✓ Das Bild »angenagelt« aus dem Bensberger Misereor-Kreuzweg von Sieger Köder, 104 Seiten, Schwabenverlag, Ostfildern 1998. 1998 erschien der Kreuzweg auch als Plakatserie bei Misereor und ist in vielen Gemeinden im Archiv. ✓ Teppich oder Isomatte ✓ Denk-Zettel (siehe Kopiervorlage) ✓ Nägel ✓ Evangelium Mk 15,22–25: Die Kreuzigung. Mk 15,33–34: Der Tod Jesu.

➢ Die Denk-Zettel und Nägel in der Anzahl der Teilnehmer liegen aus.	
Station: Passion ➢ Das Bild »Passion«. Es wird ein Diaprojektor und eine weiße Wand oder eine Leinwand benötigt. ➢ Ein leeres Plakat (3 x 1 Meter) wird an der Wand befestigt. ➢ Dicke Stifte liegen bereit. ➢ Das Plakat »Station: Passion« wird an der Wand befestigt.	✓ Bild »Passion« von Relindis Agethen (in: Hubertus Halbfas: Religionsbuch für das 1. Schuljahr«, Düsseldorf 1983, S. 38. Dieses Bild ist ein Teil der Diasammlung zum Religionsbuch) ✓ Leeres Plakat ✓ Dicke Stifte ✓ Plakat »Passion«
Station: Hören ➢ Im Mittelpunkt der Station steht das Lied »Du hast Jesus Christus an das Kreuz genagelt«. ➢ Ein CD-Player steht bereit und wird so eingestellt, dass das Lied immer wieder gespielt wird. (Alternative: Das Lied wird mehrmals hintereinander auf eine Kassette aufgenommen. Bei mehr als 10 Teilnehmern ist es sinnvoll, diese Kassette zu kopieren, so dass das Lied an zwei Geräten parallel gehört werden kann). ➢ Ein (evtl. zwei) Kopfhörer ➢ Das Plakat »Station: Hören« wird an der Wand neben dem CD-Player befestigt. ➢ Der Liedtext liegt in ausreichender Anzahl bereit.	✓ CD mit dem Lied »Du hast Jesus an das Kreuz genagelt« von Das Auge Gottes (auf der CD »Menschen-Leben-Träume«) ✓ CD-Player bzw. Kassettenrekorder mit Kopfhörer ✓ Plakat »Hören« ✓ Text des Lieds »Du hast Jesus an das Kreuz genagelt« von Das Auge Gottes (u.a. in Menschen-Leben-Träume. Der Firmkurs. Texte, Lieder, Bilder für junge Menschen, Freiburg 2001, S.55)

Station: Mit wird Angst und Bange Schreibmeditation ➢ Für diese Station muss ein großer Papierstreifen (1 x 4 m) bereitliegen. Darauf steht geschrieben »Mir wird Angst und Bange«. ➢ Dicke Stifte in ausreichender Anzahl. ➢ Das Plakat »Station: Mir wird Angst und Bange ...« wird an der Wand oder auf dem Boden befestigt.	✓ Papierstreifen (z.B. so genannte Zeitungsendrollen, die als Rest bei der Zeitungsproduktion übrig bleiben. Es eignen sich aber auch alte Tapetenrollen) ✓ Dicke Stifte ✓ Plakat »Mir wird Angst und Bange ...«
Station: Niedergedrückt ➢ Für diese Station werden Ziegelsteine entsprechend der Anzahl der Teilnehmer benötigt. ➢ Zettel (DIN A6) und Stifte liegen bereit. ➢ Ein Teppich oder mehrere Fußmatten, auf denen die Übung mit dem Stein ausgeführt werden kann. ➢ Das Plakat »Station: Niedergedrückt« wird an der Wand befestigt. ➢ Eine Kopie des Bibeltextes Mt 28,1–10.	✓ Ziegelsteine ✓ Zettel DIN A6 ✓ Teppich oder mehrere Fußmatten ✓ Das Plakat »Niedergedrückt« ✓ Evangelium Mt 28,1–8: Die Botschaft des Engels am leeren Grab. Mt 28,9–10: Die Erscheinung Jesu vor den Frauen.
Station: Schlusskreis	✓ Ton in ausreichender Menge für die Teilnehmer (evtl. Unterlage zum Arbeiten mit dem Ton) ✓ Teelichter (9 und jeweils eines für jeden Teilnehmer) und Feuerzeug ✓ Nägel für jeden Teilnehmer ✓ Plakat »Wie gestaltet sich deine Angst?«

Begrüßung
Die Begrüßung sollte an einem Ort erfolgen, der es den Teilnehmern ermöglicht, in einem Kreis zu sitzen (z.B. in einer Seitenkapelle).

Einführung
Wir möchten euch heute die Möglichkeit geben, einem der wichtigsten Gefühle nachzuspüren, das wir Menschen kennen, nämlich dem Gefühl der Angst. Die Form, in der wir das tun werden, ist ungewohnt. Wir haben in der Kirche fünf Stationen aufgebaut. Die Stationen sind an den Kerzen zu erkennen, die dort leuchten. An jeder Station findet ihr ein Plakat auf dem steht, worum es bei dieser Station geht. Ihr werdet gleich Zeit haben, zu jeder Station zu gehen. Die Reihenfolge, in der ihr die Stationen besucht, ist egal. Wichtig ist, dass ihr während dieser Zeit nicht sprecht. Ihr sollt ganz bei euch und euren Gedanken sein. Wer bei allen Stationen gewesen ist, kommt bitte wieder an unseren Ausgangsort zurück. Hier wird es noch einen gemeinsamen Abschluss geben.

Das Gefühl der Angst kennt viele Facetten. Als Einstimmung in dieses Thema möchten wir euch ein Lied von Herbert Grönemeyer vorspielen.

Lied von CD / Kassette
Das Lied »Angst« von Herbert Grönemeyer wird eingespielt. Dazu wird der Text des Liedes an die Anwesenden zum besseren Verständnis verteilt. Es folgt eine kurze Zeit der Stille. Das Lied soll einen Augenblick nachwirken. Dann machen sich die Teilnehmer auf den Weg.

Damit ihr euch gleich leichter zurecht findet, möchte ich euch kurz erklären, wo ihr die einzelnen Stationen findet (Je nach Situation müssen die Orte an die lokalen Gegebenheiten angepasst werden):

1. Station: Krypta
2. Station: linkes Seitenschiff
3. Station: rechtes Seitenschiff
4. Station: Altarraum
5. Station: Eingangsbereich der Kirche

Wir laden euch nun ein, zu den einzelnen Stationen zu gehen. Bitte lasst euch dafür Zeit und Ruhe. Wir werden gleich im Hintergrund Musik laufen lassen. Nach spätestens 70 Minuten (evtl. auch länger) werden wir die Musik ausschalten. Das ist für uns alle das Zeichen, bitte wieder hier hin zurückzukommen.

Die Teilnehmer gehen zu den Stationen.

Gut ist es, wenn einer oder zwei aus dem Vorbereitungsteam für eventuelle Fragen der Teilnehmer ansprechbar sind. Sie sollten beobachten, ob es an einer Station zu Problemen kommt. Zudem ist es gut, wenn das Vorbereitungsteam sich einen Einblick verschafft, was an den einzelnen Stationen schriftlich festgehalten wird. In dieser Zeit muss auch der Ton vorbereitet werden, den die Teilnehmer brauchen, wenn sie in den Schlusskreis zurückkommen.

Schlusskreis

In der Seitenkappelle steht nun für jeden Teilnehmer etwas Ton bereit. Nach und nach finden sich die Teilnehmer in der Seitenkappelle ein (evtl. erst dann, wenn die Musik ausgeschaltet worden ist). Hier finden sie das folgende Plakat »Wie gestaltet sich deine Angst?«

Präsentation der Angstskulpturen

Wenn alle mit dem Formen fertig sind, stellen die Teilnehmer ihre Ergebnisse vor. Wichtig ist an dieser Stelle darauf hinzuweisen, dass es sich bei diesen Skulpturen um sehr persönliche Objekte handelt. Der Gesprächsleiter muss darauf achten, dass keine Skulptur belächelt oder kritisiert wird. Zudem sollte der Gesprächsleiter darauf hinweisen, dass niemand etwas sagen muss. Es ist auch möglich, seine Skulptur den anderen einfach zu zeigen.

Fürbitten

Wenn alle Teilnehmer ihre Ton-Skulpturen präsentiert haben, werden sie eingeladen zum Fürbittgebet. Dazu werden zunächst in der Mitte des Gruppenkreises neun brennende Teelichter in der Form eines Kreuzes aufgestellt:

Wir haben in der letzten Stunde sehr intensiv darüber nachgedacht, was uns Angst macht, was wir mit dem Gefühl der Angst verbinden. Dabei sind uns Bibelstellen begegnet, die von den letzten Stunden Jesu erzählen. Sie erzählen davon, dass Jesus uns in den Stunden der Angst sehr nahe sein kann, weil auch er sie durchlitten hat.

Es kann uns Mut machen, wenn wir unsere Angst mit anderen teilen, anderen mitteilen. Es kann uns Kraft geben, wenn wir unsere Angst nicht für uns behalten. So lade ich euch ein, das, was euch in dieser Stunde bewegt, vor Gott zu tragen. Dazu haben wir für jeden ein Teelicht vorbereitet. Wer mag, kann nun eine Fürbitte aussprechen und sein Teelicht in die Mitte stellen.

Die Teilnehmer sprechen ihre Fürbitte und stellen ein Teelicht in die Mitte. In der Regel wird durch die Teelichter der Teilnehmer die Kreuzform der ersten Teelichter aufgebrochen. Das Kreuz ist zwar noch zu erkennen, aber es verliert seinen prägenden Eindruck. Darauf kann der Gesprächsleiter evtl. hinweisen.

Vaterunser
Lasst uns an die Hände fassen als Zeichen dafür, dass wir unser Leben nicht alleine leben, als Zeichen dafür, dass wir einander wie Brüder und Schwestern sind. Es tut gut zu spüren, dass da einer ist, der mit uns unterwegs ist. Es tut gut zu spüren, dass jemand da ist, der unsere Angst und Hoffnungen mit uns teilt.

So lasst uns beten, wie Jesus selbst uns zu beten gelehrt hat:
Vater unser ...

Segen
Möge dich die Straße deines Lebens von der Angst zum Vertrauen, von der Furcht zum Glauben und von der Verzweiflung zum glückenden Leben führen und möge dein Lebensweg dich mit jedem Schritt näher bringen zu Gott, der möchte, dass dein Leben gelingt.
Dazu segne dich der barmherzige Gott. Der Vater, der Sohn und der Heilige Geist. Amen.

KOPIERVORLAGEN

STATION: »ANGENAGELT«

Anleitung
Lege dich gleich mit dem Rücken auf die Erde!
Betrachte das Bild über dir!
Lass es wirken!
Lass dir Zeit!
Spüre nach, was das Bild in dir auslöst!
Betrachte die Farben,
betrachte die Gesichter!
Versuche, dich in die Situation hineinzudenken!
Versuche, dich in das Geschehen hineinzuversetzen!
Versuche, dich in der ungewohnten Perspektive zurecht zu finden!
Versuche zu begreifen, was nicht zu begreifen ist!
Halte diesen Anblick eine Zeit lang aus!
Wenn du das Bild angeschaut hast,
nimm einen Denk-Zettel mit
und folge den Anweisungen!

Denk-Zettel
Nimm einen Nagel als Denk-Anstoß mit
an das, was du gerade erlebt hast.
Setze dich an einen ruhigen Ort in der Kirche
und denke noch etwas über die folgenden Impulse nach:

Es gibt Menschen die festnageln
und die festgenagelt werden.
Es gibt Täter
und Opfer.
Es gibt Menschen, die Angst machen
und Menschen, die Angst haben.
Es gibt Menschen, die unterdrücken
und Menschen, die unterdrückt werden.

Auf welcher Seite stehe ich?
Was motiviert Menschen
zum Töten,
zum Foltern,
zum Druck ausüben?
Wo ist Gott in solchen Situationen?
Wie kann ein Ausgleich
zwischen Opfern und Tätern,
Unterdrückern und Unterdrückten
...
stattfinden?
Sind nicht auch Täter Opfer
und Unterdrücker Gefangene?

STATION: PASSION

Betrachte das Bild vor dir!
Was siehst du?
Welche Farben nimmst du wahr?
Welche Formen entdeckst du?
Lass dir Zeit beim Betrachten.
Manches erschließt sich erst bei genauem Hinsehen.
Manches erschließt sich vielleicht auch nicht.

Das Bild stammt von der Malerin
Relindis Agethen.
Sie hat es »Passion« genannt.
Passion, so heißt die Leidensgeschichte Jesu.
Findest du sie in diesem Bild wieder?

In einem Gedicht von Arnim Juhre heißt es:
»Wer stellt
die Kreuze in die Welt?
Wer arbeitet
für Macht und Geld
und lässt den Bruder hängen?«

Gibt das Bild darauf eine Antwort?
Was sagt dir das Bild?
Schreib es auf das Plakat an der Wand.

STATION: HÖREN

Bei dieser Station wird dir ein Lied vorgestellt.
Höre es dir zunächst in Ruhe an.
Es liegt auch ein Textblatt bereit.
Setze dazu den Kopfhörer auf
Und drücke auf die »Play«-Taste des CD-Players!

Nimm dir einen Textzettel und setze dich an einen Ort,
an dem du deinen Gedanken noch etwas nachhängen kannst.
Auf dem Zettel findest du einige Impulse,
die dir helfen sollen, einen Zugang zu dem Lied zu bekommen.

Impulse zum Lied
Lies den Text noch einmal in Ruhe.
Was gefällt dir?
Was stößt dich ab?
Was findest du fragwürdig?

Der Text klagt an:
»DU
hast Jesus an das Kreuz geschlagen!«
Findest du eine solche Aussage für dich treffend?
Reizt sie dich zum Widerspruch?
Erinnert dich das Lied an Situationen,
die du selber erlebt hast?
Wo läufst du mit der Masse?
Wo zeigst du
Individualität,
Eigenständigkeit,
Kreativität,
Mut?

STATION: MIR WIRD ANGST UND BANGE ...

Schreibmeditation
Täglich erleben wir Auseinandersetzungen mit unseren Eltern, Freunden, Lehrern und anderen Menschen, welche uns weniger vertraut sind. Meist kommunizieren wir mündlich. Hier nun möchten wir dich ermuntern, mit anderen schriftlich in Kontakt zu kommen, dich mit anderen mit Hilfe eines »Stifts« zu unterhalten.
   Welche Gedanken kommen dir zu dem Ausspruch:
   »Mir wird Angst und Bange ...«?
   Schreibe sie auf dieses Blatt und tausche dich schriftlich aus. Komme immer mal wieder an diesen Ort zurück und schaue nach, welche neuen Gedanken aufgeschrieben wurden. Wenn du möchtest, kannst du anderen (schriftlich) antworten.

STATION: NIEDERGEDRÜCKT

An diesem Ort soll es darum gehen, zu erfahren, was dich bedrückt und wie du mit dieser Bedrückung umgehst.
   Nimm einen Stein und lege ihn dir auf den Nacken. Dazu musst du deinen Körper ein wenig beugen.
   Was spürst du, was empfindest du? Ist dieser Stein »erträglich«? Wie ergeht es dir mit dieser Bedrückung? Was bedrückt dich? Was belastet dich? Was macht dir das Leben schwer? Was beugt dich nieder?
   Dann lege den Stein beiseite. (Wenn schon Steine dastehen, dann schichte sie zu einer Mauer auf). Nimm dir den Zettel mit dem Text aus dem Matthäus-Evangelium. Lies das Evangelium.
   Wie kannst du in deinem Leben den Stein, das was dich bedrückt und dich hindert aufrecht zu leben, wegwälzen? Gibt es andere, die dir dabei behilflich sein können?
   Schreib deine Ängste auf einen Zettel und klebe diesen auf einen Stein.

STATION: WIE GESTALTET SICH DEINE ANGST?

»Da wird mir Angst und Bange...«, so lautet das heutige Motto. Du hast verschiedene Möglichkeiten und Aspekte deiner und unserer Angst in den einzelnen Stationen kennen gelernt.

Welche Bilder, Gefühle und Eindrücke waren besonders intensiv, was bleibt dir in Erinnerung? Versuche das, was dich jetzt und hier bewegt, dich berührt, in eine Form, eine Skulptur, in einen Gegenstand zu bringen, welcher deine Gefühle ausdrückt. Denke daran, dass du in allem, was du machst, frei bist und dein »Kunstwerk« nicht benotet oder bewertet wird! Es ist deine Form, in der du dich ausdrücken darfst.

Leben – aber wie?

Eine Messfeier für Jugendliche und Erwachsene

Vorbemerkung
Die Grundidee zu diesem Gottesdienst stammt von Schülern des 9.-10. Schuljahrs der Theo-Burauen-Realschule in Köln.

Lied zur Eröffnung: Suchen und Fragen, Unterwegs 43.

Begrüßung / Einführung
Irgendwie zu leben, ist nicht schwierig. Aber gut, erfüllt, glücklich zu leben, das ist eine Kunst. Deshalb haben wir den heutigen Gottesdienst mit dem Thema »Leben – aber wie« überschrieben. Die Texte, Szenen und Lieder dieses Gottesdienstes laden uns ein, darüber nachzudenken, was unser Leben lebenswert macht. Wie kann ich mein Leben gut und sinnvoll gestalten.

Tagtäglich hören wir Ratschläge, was angeblich unbedingt zum Leben gehört: In der Werbung wird behauptet: Du brauchst jene Creme, dieses Gerät oder jenes Kleidungsstück, um wirklich glücklich zu sein. In der Clique heißt es: wer nicht trinkt, kifft oder raucht ist uncool, der weiß nicht, was Leben ist. Die Eltern predigen, dass man was werden muss im Leben, dass man Leistung bringen soll. Aber die spannende Frage ist, ob ich selber ein Gespür dafür bekomme, worauf es im Leben ankommt, ob ich selber weiß, wie ich leben möchte.

Stille

Kyrie: Meine engen Grenzen, Unterwegs 93.

Vergebungsbitte
Der Herr nehme von uns, was uns das Leben schwer macht und stärke uns, unseren Weg zu finden. Das gewähre uns der dreieinige Gott. Der Vater, der Sohn und der Heilige Geist

Gloria: Taizé-Kanon, Mein Liederbuch II, B 238 oder:
Ehre sei Gott auf der Erde, Mein Liederbuch I, B 62.

Tagesgebet
Barmherziger Gott, du willst, dass wir in Fülle leben. Lass uns in diesem Gottesdienst ein Stück der Lebensfülle erleben, die du uns verheißen hast. Lass uns deine Gegenwart spüren und hilf uns, einen guten Weg für unser Leben zu finden. Darum bitten wir dich durch Christus, unseren Herrn. Amen.

Rollenspiel
Ein Sprecher liest den folgenden Text, während die anderen fünf Mitspieler das Gesagte durch knappe Bewegungen unterstützen (z.B. gehen in die Schule: auf der Stelle gehen usw.). Nach jeweils einem Tagesablauf wird eine Tätigkeit hinzugefügt, bis schließlich alle völlig gehetzt und erschöpft umfallen.

Sprecher: Wir stehen morgens auf, waschen uns, putzen uns die Zähne, ziehen uns an, essen etwas, gehen zur Schule, gehen danach nach Hause, essen wieder etwas, gucken ein wenig Fernsehen und gehen anschließend ins Bett.
Wir stehen morgens auf ...

Mitspieler 1: He, Moment, ich hab keine Lust mehr, ich will auch mal ab und zu eine rauchen!

Sprecher: Gut, wenn du meinst!
Wir stehen morgens auf, waschen uns, putzen uns die Zähne, ziehen uns an, rauchen eine Zigarette, essen etwas, gehen zur Schule, in der Pause rauchen wir wieder eine, gehen danach nach Hause, essen wieder etwas, gucken ein wenig Fernsehen und gehen anschließend ins Bett.
Wir stehen morgens auf ...

Mitspieler 2: He, Moment, stopp, ich will Geld haben, damit ich mir Klamotten kaufen kann!

Sprecher: Gut, wenn du meinst, dass du das brauchst:
Wir stehen morgens auf, waschen uns, putzen uns die Zähne, ziehen uns an, rauchen eine Zigarette, essen etwas, pumpen uns bei den Eltern etwas Geld und gehen anstatt zur Schule in der Stadt Klamotten kaufen, gehen danach nach Hause, essen wieder etwas, gucken ein wenig Fernsehen und gehen anschließend ins Bett.

	Wir stehen morgens auf ...
Mitspieler 3:	He, Moment, stopp, ich will mehr, ich habe keinen Bock mehr auf diese Langweile. Ich will in die Disco tanzen gehen.
Sprecher:	Wie du willst:

Wir stehen morgens auf, waschen uns, putzen uns die Zähne, ziehen uns an, rauchen eine Zigarette, essen etwas, gehen zur Schule, rauchen in der Pause heimlich eine Zigarette, schwänzen die letzten beiden Stunden, pumpen uns bei unseren Eltern etwas Geld, gehen in der Stadt Klamotten kaufen, gehen danach nach Hause, essen wieder etwas, gucken ein wenig Fernsehen und gehen spät abends in die Disco, kommen anschließend nach Hause und gehen ins Bett.

Wir stehen morgens auf ...

Mitspieler 4:	He, Moment, stopp, mir ist das zu langweilig! Ich will mehr, ich will eine Freundin!
Sprecher:	Okay, wie du willst:

Wir stehen morgens auf, waschen uns, putzen uns die Zähne, ziehen uns an, rauchen eine Zigarette, essen etwas, gehen zur Schule, knutschen mit dem Freund oder der Freundin, rauchen in der Pause heimlich eine Zigarette, schwänzen die letzten beiden Stunden, pumpen uns bei unseren Eltern etwas Geld, gehen in der Stadt Klamotten kaufen, knutschen mit dem Freund oder der Freundin, gehen danach nach Hause, essen wieder etwas, gucken ein wenig Fernsehen und gehen spät abends in die Disco, kommen anschließend nach Hause und gehen ins Bett.

Wir stehen morgens auf ...

Mitspieler 5:	Mir ist das zu öde, ich will Alkohol trinken!
Sprecher:	Wie du meinst!

Also, wir stehen morgens auf, waschen uns, putzen uns die Zähne, ziehen uns an, rauchen eine Zigarette, essen etwas, trinken eine Flasche Bier, gehen zur Schule, rauchen in der Pause heimlich eine Zigarette, schwänzen die Schule, gehen in der Stadt Klamotten kaufen, zwischendurch trinken wir ein paar Bierchen, gehen danach nach Hause, essen wieder

etwas, gucken ein wenig Fernsehen und gehen spät abends in die Disco, kommen anschließend nach Hause und gehen ins Bett.
Wir stehen morgens auf ...
Alle Mitspieler fallen um.

Katechese I

Die folgenden Gedanken sind als Anregung gedacht. Sie zeigen, wie der rote Faden des Gottesdienstes an dieser Stelle weitergesponnen werden könnte.

◆ Das Rollenspiel, dass wir gerade gesehen haben, hat uns einen Einblick in den Alltag von vielen jungen Menschen gegeben. Da ist viel Routine drin, da ist viel Langeweile dabei, da kommt Unzufriedenheit zum Vorschein.

◆ Das Spiel macht deutlich, wie wir Menschen sind. Immer wieder tauchen neue Wünsche in uns auf: Das möchte ich haben, jenes fehlt mir noch, dieses brauche ich unbedingt. Eine Zigarette – das ist cool, Alkohol – das bringt Stimmung, Klamotten – damit schinde ich Eindruck usw. Doch wann sind wir wirklich zufrieden?

◆ Wünsche können grenzenlos sein. Das macht das Spiel deutlich: Am Ende fallen alle um. Warum, das bleibt offen. Doch verschiedene Vermutungen drängen sich hier auf:

✓ Eine Möglichkeit: Die Wünsche der Jugendlichen in dem Anspiel sind nur auf sich selbst fixiert. *Ich* möchte Zigaretten, *ich* möchte Klamotten, *ich* möchte, *ich* will, *ich, ich, ich*. Die Mitmenschen geraten völlig aus dem Blick. Eine Gemeinschaft, in der jeder nur sein eigenes Glück im Blick hat, wird auf Dauer keine Zukunft haben. Es braucht die Solidarität füreinander und das Achtgeben aufeinander.

✓ Eine weitere Deutungsvariante: Die Wünsche der Jugendlichen im Anspiel sind sehr materiell: Zigaretten, Klamotten, Geld ... – Doch reicht das wirklich zum Leben? Braucht es nicht auch Liebe, Freundschaft, Frieden und Gerechtigkeit? Menschen, die sich nur an Materielles klammern, finden kein wirkliches Glück.

✓ Eine letzte Deutungsmöglichkeit: Die Jugendlichen in diesem Anspiel unterscheiden sich gar nicht. Jeder raucht – weil es die anderen auch tun. Jeder kauft Klamotten – weil es die anderen auch tun. Jeder trinkt sein

Bierchen – weil es die anderen auch tun. Jeder tut etwas, weil es alle tun. Wenn ich immer das tue, was alle tun, dann verliere ich mehr und mehr meine Persönlichkeit. Dann bleibe ich eine Kopie der anderen. Selbstverwirklichung ist das jedenfalls nicht.

Lied: Selig seid ihr, Unterwegs 50.

Hinführung zum Evangelium
Auch Jesus stand vor der Frage, wie er sein Leben gestalten und welche Akzente er mit seinem Leben setzten wollte. Noch bevor er mit seinem öffentlichen Wirken begann führte ihn sein Weg in die Wüste, wo er mit der Versuchung konfrontiert war, einen völlig anderen Lebensentwurf zu wählen. Davon erzählt der folgende Bibeltext.

Evangelium Mt 4,1–11: Die Versuchung Jesu.

Katechese II
Leben – aber wie, so fragt das Thema dieses Gottesdienstes. Mit dem Anspiel, das wir gesehen und dem Evangelium, das wir gehört haben, lassen sich nun einige Puzzlestücke für eine Antwort benennen:

◆ Wie leben? So leben, dass wir unsere Mitmenschen nicht aus dem Blick verlieren. Das wir unser Leben mit unseren Mitmenschen teilen.
◆ Wie leben? So leben, dass wir uns nicht von materiellen Dingen abhängig machen. Geld ist wichtig, aber es ist nicht das wichtigste. Gegen schöne Klamotten ist nichts zu sagen, aber sie sind nicht alles! Oder wie es das heutige Evangelium sagt: Der Mensch lebt nicht vom Brot allein.
◆ Wie leben? So leben, dass ich meinen ganz eigenen Weg gehe. Dass ich herausfinde, was meine Stärken sind, wo meine Befähigungen liegen. Nicht einfach nur funktionieren, sondern Originalität und Spontaneität zeigen, weil hierin ein Stück Geist Gottes sichtbar wird.

Credo: Gott gab uns Atem, Unterwegs 49 oder:
Wir buchstabieren für uns neu, Wellenbrecher 161.

Fürbitten
Jesus hat gewusst, worauf es im Leben ankommt. Zu ihm beten wir:

Herr, gib uns die Kraft, einen Sinn im Leben zu erkennen und Ziele und Perspektiven im Leben zu finden.
Herr, erbarme dich.

Herr, gib uns die Chance, nach der Ausbildung einen Arbeitsplatz zu finden, mit der wir uns identifizieren können, bei dem wir Zufriedenheit empfinden und für den wir uns gerne einsetzen.
Herr, erbarme dich.

Herr, gib uns die Weitsicht, unser ganzes Leben sinnvoll zu gestalten, die Freizeit wie auch die Schul- oder Arbeitszeit.
Herr, erbarme dich.

Herr, gib uns das Rückgrat, nicht gefühllos zu werden. Lass uns Anteil nehmen an dem, was auf der Erde geschieht.
Herr, erbarme dich.

Vater im Himmel, dein Sohn hat unter uns gelebt. Auf ihn schauen wir, und für ihn danken wir dir.

Gabenbereitung:
Herr, wir bringen in Brot und Wein, Unterwegs 178 oder:
Kann denn das Brot so klein, Wellenbrecher 42.

Sanctus: Heilig Kanon, Unterwegs 185 oder:
Herr, ich werfe meine Freude, Wellenbrecher 100.

Lied zum Agnus Dei: Jesus Brot, Unterwegs 182.

Kommunion
Meditative Musik im Hintergrund

Nach der Kommunion
Mach mich frei, befreie mich!
Dass du, Gott, mich finden kannst,
dass ich dich empfinden kann!

Mach mich leer, belehre mich!
Dass du, Gott, mich führen kannst,
dass ich dich erspüren kann!

Mach mich treu, betreue mich!
Dass du, Gott, mich tragen kannst,
dass ich dich ertragen kann!

Mach mich neu, erneuere mich!
Dass du, Gott, mich fassen kannst,
dass ich dich erfassen kann!

Schlusslied: Unsere Hoffnung, Unterwegs 24.

Schlussgebet und Segen
Mögest du immer die Straße finden, die hin führt zum Leben in Fülle.
Mögest du nie den Atem verlieren auf deinem Weg durch die Zeit.
Mögest du nie den Blick verlieren für das, was dich trägt.
Das gewähre dir der dreieinige Gott, der Vater, der Sohn und der Heilige
  Geist. Amen.

Worauf sollen wir hören
Ein Bußgottesdienst

Vorbemerkungen
Im Vorfeld des Gottesdienstes müssen mit einigen Jugendlichen das Anspiel und die so genannte Sprechmotette eingeübt werden.

Lied zum Einzug: Ich steh vor dir mit leeren Händen, Herr, Unterwegs 104.

Einleitung
Noch nie hatten wir so viele Möglichkeiten, unser Leben zu gestalten. Das ist einerseits toll, denn wir können ganz viele Dinge selber bestimmen: welchen Beruf wir ausüben, welche Schule wir besuchen wollen, welches Fernsehprogramm wir sehen wollen ...

Oft wird uns die Wahl aber auch zur Qual: Woher wissen wir eigentlich, was gut und was schlecht für uns ist? Wie kann ich bei so vielen Möglichkeiten die beste Wahl treffen?

Viele Stimmen in uns versuchen uns bei der Entscheidungsfindung zu helfen bzw. zu beeinflussen: Eltern, Freunde, Medien, Werbung. Doch worauf sollen wir hören? Welcher Stimme schenken wir unser Vertrauen?

Gebet
Barmherziger Gott, in uns gibt es viele Stimmen, die uns sagen, was richtig und was falsch ist, die uns bei Entscheidungen beeinflussen, die sich zu Wort melden, wenn unsere Hilfe gebraucht wird. Manchmal wissen wir nicht, auf welche Stimme wir hören sollen. Manchmal hören wir auf die falsche Stimme. Manchmal haben wir kein Ohr für deine Stimme.

In diesem Gottesdienst wollen wir uns öffnen für dich und deine Stimme. Mit offenen Ohren und offenem Herzen wollen wir dein Wort hören und uns an ihm orientieren. Von dir wollen wir uns und unseren Lebensstil in Frage stellen lassen, weil wir wissen, dass von dir Glück und Erfüllung ausgehen.

So bitten wir dich, sei hier zugegen, in unserem Singen und Beten, in unserem Fragen und in unserem Schweigen. Lass uns spüren, dass du uns ganz Nahe bist. Amen.

Anspiel

Ein Jugendlicher kommt durch den Mittelgang der Kirche nach vorne. Auf der linken Seite im Altarraum steht eine Gruppe von sechs Jugendlichen im Kreis zusammen. Sie bemerken den Jugendlichen im Mittelgang und beginnen, über ihn zu lästern.

Sprecher 1:	O nein! Guck mal, wer da kommt!
Sprecher 2:	Was will denn der hier?
Sprecher 3:	He, hast du dich verlaufen?
Sprecher 5:	Los, zieh Leine!
Sprecher 6:	Mensch, mach das du wegkommst!
Sprecher 2:	Siehst du nicht, dass wir hier stehen!
Sprecher 3:	Hau ab!

Jugendlicher geht auf die rechte Seite und setzt sich enttäuscht, wütend und frustriert auf die Erde. Einer aus der Clique (= Sprecher 1) wird nachdenklich.

Sprecher 1:	Meint ihr nicht, dass das etwas zu hart war?
Sprecher 2:	Wie bist du denn drauf?
Sprecher 3:	Du hast wohl heute deinen Sozialen!
Sprecher 1:	Na ja, der ist doch immer so alleine …
Sprecher 4:	Ja klar, so wie der auch rum läuft.
Sprecher 5:	Hast du mal dem seine Klamotten gesehen.
Sprecher 1:	Na, er hat nun mal nicht das Geld für tolle Klamotten. Warst du schon mal bei ihm Zuhause? Dann wüsstest du Bescheid!
Sprecher 6:	Wir sind doch nicht das Sozialamt.
Sprecher 2:	Weißt du, der ist mir scheißegal.
Sprecher 3:	Jeder muss selber gucken, wo er bleibt …
Sprecher 4:	Sind wir eine Clique oder nicht?
Sprecher 1:	Schon, aber warum soll er nicht dazugehören?
Sprecher 5:	Du kannst ja zu ihm gehen.
Sprecher 6:	Eben!
Sprecher 2:	Dann brauchst du dich bei uns aber nicht mehr sehen zu lassen!
Sprecher 3:	Na mach schon, hau ab!

Sprecher 4: Na, was ist? Entscheide dich!

Sprecher 1 geht von der Gruppe weg. Zwischen Gruppe und Jugendlichem, der am Boden sitzt, bleibt er stehen. Schaut zur Gruppe, schaut zum Jugendlichen und hebt fragend die Arme.

Lied: Worauf sollen wir hören

T.: Lothar Zenetti / M.: Frank Reintgen

1. Worauf solln wir hören, sag uns worauf?
   Worauf solln wir hören, sag uns worauf? So
   viele Geräusche, welches ist wichtig? So
   vielle Beweise, welcher ist richtig?
   So vielle Reden! Ein Wort ist wahr.

2. Wohin solln wir gehen, sag uns, wohin?
   So viele Termine, welcher ist wichtig?
   So viele Parolen, welche ist richtig?
   So viele Straßen! Ein Weg ist wahr.

3. Wofür solln wir leben, sag uns, wofür?
   So viele Gedanken, welcher ist wichtig?
   So viele Programme, welches ist richtig?
   So viele Straßen! Die Liebe zählt

Anregung zur Predigt

Da ist man sich in der Gruppe einig: Der Typ, der passt nicht zu uns, mit dem wollen wir nichts zu tun haben, der stört doch nur.

◆ Und dann ist da einer in der Gruppe, der in sich ein Unbehagen spürt: Mensch, der ist ja ganz alleine, der sucht doch auch Freunde, der sucht auch einen Ort, an dem er angenommen ist.

◆ Und schon steckt er in der Klemme. Was soll er tun? Sich dem Druck der Gruppe beugen oder auf seine innere Stimme hören, die ihm sagt: »Nein, das ist nicht okay!« Er muss sich entscheiden.

◆ Ich glaube, dass dieses Anspiel ganz gut die Situation beschreibt, in der wir Menschen oft stecken. Denn es gibt Situationen, in denen wir uns zwischen verschiedenen Möglichkeiten entscheiden müssen. Das macht das Menschsein ja gerade aus, dass wir die Freiheit haben, Dinge zu tun oder zu lassen, dass wir uns entscheiden können, sogar auch müssen.

◆ Bei unseren Entscheidungen gibt es viele mehr oder weniger bewusst wahrgenommene Berater.

◆ Da gibt es einen Gruppendruck, der sagt: Mach das, dann gehörst du dazu. Eine Mode, die sagt: Das und das brauchst du jetzt unbedingt, sonst bist du nicht »in«. Da gibt es ein Gesetz, eine Vorschrift …

◆ Und auch wenn diese Berater nicht eigentlich anwesend sind, so höre ich ihre Ratschläge doch. Gewissermaßen als innere Stimme in mir. Meine Aufgabe ist es, auf die richtige Stimme zu hören. Aber: Was ist die richtige Stimme? Worauf sollen wir hören?

◆ Die Antwort der Bibel auf diese Frage ist einfach: Hör auf die Stimme Gottes in dir. Das ist schön und leicht gesagt, nur, was ist die Stimme Gottes?

◆ Wer die Stimme Gottes in sich hören will, der muss wach bleiben für seine Mitmenschen und für sich selbst. Der muss spüren, was gut ist für ihn selber und für seinen Nächsten. »Liebe deinen Nächsten so wie dich selbst«. Wer diesem Gebot folgt, hört auf die Stimme Gottes.

● Das heutige Evangelium macht dies auf eindringliche Weise deutlich. Der Mensch, der Nächste, mein Bruder, meine Schwester, sie stehen vor jeder Ordnung und jedem Gesetz. Es gibt keine Gottesliebe ohne Nächstenliebe. Ja, Nächstenliebe, Mitmenschlichkeit ist Gottesliebe.

Evangelium Teil 1: Mk 2,23–3,2a: Das Abreißen der Ähren am Sabbat.

Sprechmotette

Mit einem Bongo wird zu der Sprechmotette ein 4/4-Takt geschlagen, wobei jeweils der Schlag auf der 1 und der 3 des Taktes besonders zu betonen ist. Die Sprechmotette besteht aus drei Teilen (A, B, C). In jedem Teil gibt es ein Grundmotiv, das durch den ganzen Teil hindurch betont gesprochen wird (z.B. in Teil A die Zeile A »Entscheidung ...«). Dann setzen nach und nach Sprecher 1 bis Sprecher 5 ein.
So entsteht eine spannungsvolle Klangcollage, die etwas von dem erlebbar macht, was in Entscheidungssituationen in uns abläuft. Die Sprechmotette endet schließlich mit dem »uns« der letzten Zeile. Das Ende kann durch einen festeren Schlag auf das Bongo unterstützt werden.

A:	Ent-	schei-		dung,			ent-	schei-		dung.		
1:		Du	sollst!		Du	musst!	Tu	das		nicht!		
2:			Das	darf	man	nicht,	darf	man	nicht,	nicht,	nicht.	
3:	Das		Tut	man	nicht.	tut		Lass		das		sein!
4:		Das	Ist	ver-	bo-	ten,	bo-	bo-	ten,	bot	ten.	
B:	(musst)		**du**	**sollst**			**musst**		**du**	**sollst**		**du**
1:		Brav	sein,		lieb	sein,		ruhig	sein,	brav,	lieb,	
2:		An-	ge-	passt,	an-	ge-	passt,	an-	ge-	passt.	ruhig	
3:	(sagt.)		Tun	was	man	dir	sagt.		dir	Tun	was	dir
C:	Ent-		**schei-**	**dung.**			**Ent-**	**schei-**		**dung.**		
1:		Was	ist	gut?		Was	richt	Was	ist	wicht	tig?	
2:	(wis-	sen.)		Ge-	wis-	sen.	wis-	Ge-		wis-	sen.	Ge-
3:			Ent-	schei-	de,	was	gut	für		mich!		
4:			Ent-	schei-	de,	was	gut	für		dich!	man	
5:			Ent-	schei-	de,	was	gut	für		uns!		

39

Evangelium Teil 2: Mk 3,3–5: Die Heilung eines Mannes am Sabbat.

Besinnung

Sprecher 1: Du darfst dich entscheiden.
Du sollst dich entscheiden.
Du musst dich entscheiden.
Du bist frei. Zumindest hast du meistens eine Alternative.
Wer oder was bestimmt dein Handeln?
Von wem lässt du dich bei deinen Entscheidungen leiten?
Auf welche Stimmen hörst du?
Hörst du die Stimme deines Gewissens?
Hörst du die Stimme Gottes?
Welcher Stimme willst du vertrauen?

Sprecher 2: Wir möchten euch nun während der nächsten Minuten einladen, über diese Fragen nachzudenken. Wer mag, kann auch auf dem Zettel, der in den Bänken liegt seine Gedanken aufschreiben.

Nun wird entweder live instrumentale Musik gespielt, oder aber von CD wird meditative Musik eingeblendet. Dazu haben die Teilnehmer die Möglichkeit, ihre Zettel zu beschriften. Wer seinen Zettel beschriftet hat, kann ihn an einer Stellwand im Altarraum befestigen.

Anschließend werden alle (je nach Menge nur eine Auswahl) Zettel vorgelesen.

Lied: Herr unser Herr, wie bist du zugegen, Unterwegs 108.

Schuldbekenntnis

Ja, mit leeren Händen stehen wir vor dir, Herr. Manchmal bist uns ganz fremd und wir können im Trubel des Alltags nur schwer deine Stimme vernehmen. Nun, wo wir uns bewusst etwas Zeit zum Nachdenken genommen haben, spüren wir, dass unser Leben nicht immer in die richtige Richtung läuft.

Barmherziger Gott, wir stehen vor dir als Menschen, die neue Orientierung suchen. Wir haben Gutes unterlassen und Böses getan. Wie oft haben wir nur an uns und unseren Vorteil gedacht? Wie oft haben wir mit unserem Reden andere klein gemacht? Wie oft haben wir mit unserem Tun oder auch Nicht-Tun Unheil gestiftet? Wir merken, dass wir vieles falsch gemacht haben. Doch wir wissen, dass du uns treu bleibst, auch wenn wir schuldig werden. Deshalb bitten wir dich: Schau nicht auf unser Versagen, auf das was uns nicht gelungen ist, sondern schau auf das, was uns geglückt ist. Stärke unseren Glauben und unser Vertrauen auf die Liebe. Amen.

Lied: Wo Menschen sich vergessen, Unterwegs 109.

Text: Zu sagen, man müsste was sagen, ist gut,
man müsste,
man müsste was sagen.
Abwägen ist gut, es wagen ist besser,
doch wer macht den Mund schon auf?

Zu sagen, man müsste was machen, ist gut,
man müsste,
man müsste was machen.
Gerührt sein ist gut, sich rühren ist besser,
doch wo ist die Hand, die was tut?

Zu sagen, man müsste was geben, ist gut,
man müsste,
man müsste was geben.
Begabt sein ist gut, doch geben ist besser,
doch wo gibt es den, der was gibt?

Zu sagen, man müsste was ändern, ist gut,
man müsste,
man müsste was ändern.
Sich ärgern ist gut, verändern ist besser,
doch wer fängt bei sich damit an?

Lothar Zenetti

Segen
Geht hinaus zu den Menschen mit der Gewissheit,
dass Gott euch Kraft gibt zur Liebe.
Geht hinaus in euren Alltag mit dem Glauben,
dass Gott zu euch steht und euch begleitet.
Geht hinaus in die Welt mit der Gewissheit,
dass es schon hier beginnt, mitten unter uns:
Sein Reich der Liebe und der Gerechtigkeit.
So segne uns der barmherzige Gott,
der Vater, der Sohn und der Heilige Geist.
Amen.

Schlusslied: Komm Herr, segne uns, Unterwegs 199.

KOPIERVORLAGE

Worauf höre ich (und worauf nicht)?
___
___
___

Worauf will ich hören (und worauf nicht)?
___
___
___

Welcher Stimme will ich vertrauen (und welcher nicht)?
___
___
___

Leben im Gleichgewicht – im Gleichgewicht leben
Ein Bußgottesdienst

Vorbereitung:
◆ Für die Meditation nach dem Evangelium wird ein Balance-Männchen benötigt (siehe Skizze am Ende des Gottesdienstentwurfs). Bei uns wurde das Männchen (ca. 1 Meter groß) aus Pappe gefertigt. Das Männchen wurde mit Tesa-Krepp an einem Rundholz (ca. 3 Meter und 0,5 cm Durchmesser) befestigt. Am Kopf des Männchens wurde ein Faden fixiert, der wiederum im Gewölbe der Kirche verankert wurde. Je nach Gegebenheit kann das Männchen auch an einer Schnur, die von einer Kirchenseite zur anderen reicht, befestigt werden.
◆ Stifte und Zettel mit dem Satzanfang »Mein Leben kommt aus dem Gleichgewicht, wenn ...« müssen in ausreichender Anzahl vorhanden sein.
◆ Evtl. Liedzettel verteilen.

Eröffnung: Suchen und Fragen, Unterwegs 43 oder:
Zeige uns Herr, Unterwegs 45.

Anspiel:
Im Altarraum liegt ein Seil auf der Erde. Nacheinander kommen zum folgenden Text »Seiltänzer« nach vorne und versuchen, auf dem Seil zu balancieren. Dabei unterstützen sie den von einer verdeckten Stimme gesprochenen Text mimisch und gestisch.

Stimme (aus dem Off): Sind sie eigentlich mit ihrem Leben zufrieden? Meinen sie, ihr Nachbar sei mit seinem Leben zufrieden? Was heißt eigentlich Zufriedenheit für sie? Ist man jemals mit seinem Leben zufrieden? Was gibt einem eigentlich Zufriedenheit?
Ego-Mensch tritt in den Altarraum und balanciert auf dem Seil.
Stimme: Ich brauche niemanden. Ich bin der Beste. Ich helfe nie jemand anderem. Ich will keine Hilfe von anderen. Ich muss

mich nicht anpassen. Ich weiß alles. Ich kann alles. Ich brauche nicht zu teilen. Ich habe keine Angst. Ich brauche keine Freunde. Hauptsache, mir geht's gut.

Ego-Mensch fällt vom Seil und bleibt auf der Erde liegen. Dann tritt der Selbstzweifler in den Altarraum und balanciert auf dem Seil.

Stimme: Ich schaffe es sowieso nicht. Es ist mir alles zu viel. Das geht nie und nimmer gut. Was mögen wohl die anderen denken? Ich bin total verzweifelt.

Selbstzweifler fällt vom Seil und bleibt auf der Erde liege. Dann tritt der angepasste Helfer in den Altarraum und balanciert auf dem Seil.

Stimme: Kann ich ihnen helfen? Eigentlich habe ich keine Zeit, aber ich mach das schon. Wenn ich es nicht mache, macht es keiner. Jetzt müssen wir noch einen Termin vereinbaren. Montag geht's nicht, Dienstag auch nicht, aber es geht schon klar.

Der angepasste Helfer fällt vom Seil und bleibt auf der Erde liegen.

Kurze Stille

Begrüßung

Ich begrüße euch (und sie) alle ganz herzlich zu diesem Bußgottesdienst. Mit dieser kleinen Szene, die wir gerade gesehen haben, sind wir schon mitten drin in unserem Thema: Leben im Gleichgewicht – im Gleichgewicht leben.

Wir alle kennen den Satz: »Mein Leben ist aus dem Gleichgewicht gekommen«. Mit diesem Satz sagen wir, wir spüren, dass mit unserem Leben im Moment irgendetwas nicht stimmt, wir sind unzufrieden, etwas hat unser Leben durcheinander gebracht. In diesem Gottesdienst wollen wir uns Zeit nehmen, um über unser eigenes Leben nachzudenken.

Gebet

Und so lasst uns beten: Du guter, uns tragender Gott, wir wollen uns in diesem Gottesdienst Zeit nehmen, um unser Leben neu an dir und an deiner Botschaft auszurichten. Wir wollen neu entdecken, was es heißt, den Spuren deines Sohnes zu folgen. Schenke uns offene Ohren, die die Sprache des Herzens verstehen. Sei du uns nahe, damit wir deine Gegenwart unter uns spüren. Darum bitten wir dich durch Christus, unseren Bruder und Herrn. Amen.

Lied: So viele warten im Land, Mein Liederbuch I, B 101.

Hinführung zum Evangelium
Wir Menschen sehnen uns nach Zufriedenheit. Wir suchen einen inneren Frieden, eine Ruhe und Ausgeglichenheit. Ist euch schon einmal aufgefallen, wir sehr unsere Zufriedenheit von den Menschen abhängt mit denen wir zusammenleben? Damit ich wirklich zufrieden bin, müssen ganz unterschiedliche Aspekte meines Lebens in einem ausgewogenen Verhältnis zu einander stehen, eben im Gleichgewicht sein. Haben bestimmte Bereiche immer ein Übergewicht, so geraten wir aus der Balance, wir fallen um und kippen ins Bodenlose, so wie wir es eben in den drei kleinen Szenen gesehen haben. Im folgenden Evangelium geht es um ein Gleichgewicht zwischen dem »Ich« und dem »Du«.

Evangelium Mt 22,34–40: Die Frage nach dem wichtigsten Gebot.

Katechese
Jesus antwortet hier den Pharisäern. »Du sollst deinen Nächsten lieben wie dich selbst.« Es ist spannend zu sehen, wie unterschiedlich dieses Evangelium in der Vergangenheit ausgelegt wurde. Noch bis zum Anfang dieses Jahrhunderts lag der Akzent christlichen Lebens auf der Nächstenliebe. Kümmere dich um deinen Nächsten bis zur Selbstaufopferung. Du musst helfen ohne Rücksicht auf deine eigenen Kräfte, auf deine eigene Gesundheit.

In den letzten Jahren wurde der andere Aspekt dieses Evangeliums sehr stark betont. Du musst auch mal an dich denken. Du darfst dir selber auch etwas gönnen. Eigentlich, so könnte man meinen, ist es doch ganz einfach. Doch wie oft fällt es uns schwer, uns so zu lieben, uns so anzunehmen, uns so zu akzeptieren, wie wir sind. Vieles stört uns an uns, wir sind unzufrieden mit dem, was wir leisten, könnten viele Dinge noch besser machen oder wir helfen anderen, um uns bei ihnen beliebt zu machen. Das Ich und das Du, so fordert es Jesus, müssen in einem gesunden Verhältnis zu einander stehen, beide müssen in Harmonie miteinander gebracht werden. Es ist sehr wichtig zu sehen, dass Jesus in diesem Evangelium sagt, dass die Nächstenliebe nicht gegen die Eigenliebe stehen soll. Beides sind wichtige Emotionen. Und erst wenn beides im Gleichgewicht ist, dann wird mein Leben gelingen.

Und noch eine Dimension holt Jesus mit hinein, die Beziehung zu Gott. Für Jesus ist die Balance zwischen dem Ich und dem Du, zwischen Eigen- und Nächstenliebe der Gradmesser für die Beziehung zu Gott. An einer anderen Stelle in der Bibel heißt es: Wer sagt, er liebe Gott, aber seinen Nächsten nicht liebt, der ist ein Lügner. So hängen Gottesliebe, Eigen- und Nächstenliebe eng miteinander zusammen.

Im Buch Kohelet im Alten Testament der Bibel finden wir im dritten Kapitel einen Text, der vielen von uns bekannt sein dürfte. Der Verfasser sagt, dass alles im Leben seine Zeit und seinen Raum habe. Diesen Text möchten wir nun in einer leicht veränderten Fassung vortragen.

Meditation

Im Folgenden werden die entsprechenden Blätter an das Balance-Männchen gehängt, und zwar so, dass das Männchen zunächst aus dem Gleichgewicht und dann mit dem zweiten Zettel wieder ins Gleichgewicht kommt.

Sprecher 1: Alles hat seine Stunde. Für jedes Geschehen unter dem Himmel gibt es eine bestimmte Zeit:
Eine Zeit, in der man egoistisch ist und nur an sich denkt und eine Zeit, in der man sich selbst zurückstellt und für andere da ist.

Stille: Die Blätter »ICH« und »DU« werden aufgehängt.

Sprecher 2: Eine Zeit, in der man nach seinem Verstand handeln sollte, und eine Zeit, in der es wichtig ist, auf seine Gefühle zu achten.

Stille: Die Blätter »VERSTAND« und »GEFÜHL« werden aufgehängt.

Sprecher 1: Eine Zeit um stark zu sein und anderen Halt zu geben und eine Zeit für Schwäche, in der man von anderen gehalten wird.

Stille: Die Blätter »STÄRKE« und »SCHWÄCHE« werden aufgehängt.

Sprecher 2: Eine Zeit für Arbeit, in der man sich konzentriert und eine Zeit für die Freizeit, in der man sich um Freunde, Familie und Hobbys kümmert.

Stille: Die Blätter »ARBEIT« und »FREIZEIT« werden aufgehängt.

Sprecher 1:	Eine Zeit, in der man sich anpassen muss und sich einfügt und eine Zeit, in der man sich selbst verwirklicht und aneckt.
Stille:	Die Blätter »ANPASSEN« und »SICH SELBST VERWIRK-LICHEN« werden aufgehängt.

Besinnung

Wir möchten sie nun einladen sich einen Stift und einen Zettel, die in den Bänken liegen, zu nehmen. Auf den Zetteln finden sie den Satzanfang »Mein Leben kommt aus dem Gleichgewicht, wenn ...«. Wir möchten sie bitten diesen Satz mit ihrer Erfahrung zu ergänzen. Die Zettel werden gleich eingesammelt. Einige Zettel wollen wir dann vorlesen.

Während die Gottesdienstteilnehmer die Zettel beschreiben spielt die Orgel / die Band meditative Musik.

Die Zettel werden eingesammelt. Anschließend werden mehrere (je nach Teilnehmerzahl auch alle) Zettel vorgelesen. Nach jeweils drei Fürbitten wird der folgende Liedruf gesungen:

Liedruf: Danket dem Herrn, Troubadour 1040.

Schuldbekenntnis

Wir haben uns viel Zeit genommen, um über uns und unsere Lebensgestaltung nachzudenken. Und wir haben gemerkt, es gibt Punkte, an denen unser Leben aus dem Gleichgewicht gekommen ist. Lasst uns deshalb gemeinsam vor Gott treten und bekennen, dass wir ihm und seiner Liebe zu uns untreu geworden sind, dass wir Schritte in die falsche Richtung gegangen sind, dass unser Leben von Dingen beherrscht wird, die uns und unseren Mitmenschen nicht förderlich sind.

Ich bekenne Gott dem allmächtigen Vater und allen Brüdern und Schwersten, dass ich Gutes unterlassen und Böses getan habe. Ich habe gesündigt in Gedanken, Worten und Werken. Ich bin schuldig geworden vor Gott, an mir und meinen Mitmenschen. Darum bitte ich Gott, den Barmherzigen, um Verzeihung. Gott, der uns Menschen immer wieder neu Leben in Fülle schenken will, er möge mir Kraft für einen neuen Anfang geben, dass mein Leben wieder ins Gleichgewicht kommt. Amen.

Vergebung und Verzeihung unserer Sünden gewähre uns der gute und allmächtige Herr: Der Vater, der Sohn und der Heilige Geist. Amen

Lied nach der Kommunion: Meine Sehnsucht holt Atem

T.: Frank Reintgen / M.: Bernward Hoffmann

1. Ein schnel-ler Schritt, ein has-ti-ger Blick im Ka-len-der ein Ter-min, we-nig Zeit die viel zu schnell ver-rinnt. Hek-tik, Stress, Zeit-not, Hek-tik, Stress, Zeit-not. Ir-gend-wo ein Kind sitzt und spielt und freut sich, ist ein-fach da, merkt nicht dass die Zeit ver-rinnt. Ist ein-fach da. Mei-ne Sehn-sucht holt

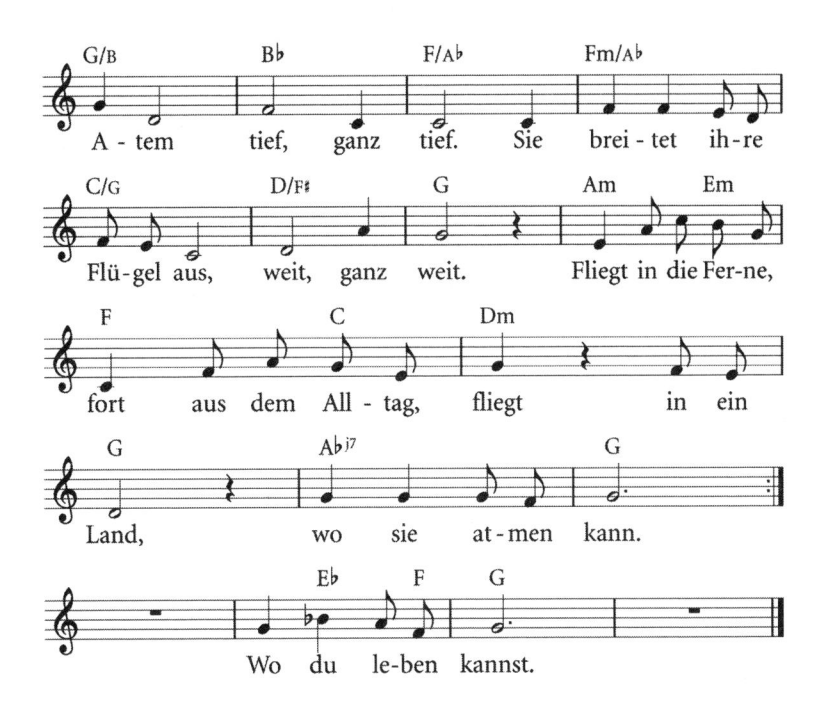

A-tem tief, ganz tief. Sie breitet ihre Flügel aus, weit, ganz weit. Fliegt in die Ferne, fort aus dem Alltag, fliegt in ein Land, wo sie atmen kann.

Wo du leben kannst.

2. Ein teures Kleid, ein Sakko von Boss,
   ein rotes Cabriolet, Neuigkeit, die heute schon zu alt,
   Mode Konsum, Kaufrausch, Mode, Konsum, Kaufrausch,
   Irgendwo ein Mann sitzt auf einer Parkbank,
   sitzt einfach da, braucht nicht viel zum Glück.

3. Ein Massengrab, ein toter Soldat,
   ein Maschinengewehr, Trümmerstadt, die Schutt und Asche ist.
   Schlachten, Kriege, Kämpfe, Schlachten Kriege, Kämpfe.
   Irgendwo eine Frau, pflanzt einen Baum …

Segen
Guter Gott, lass uns die innere Balance finden,
dass wir selbstbewusste Menschen werden.
Menschen, die erfüllt sind mit deinem guten und Heiligen Geist.
Segne uns mit der Zufriedenheit, die nur du schenken kannst.
So segne uns der barmherzige Gott:
Der Vater, der Sohn und der Heilige Geist.
Amen.

Schlusslied: Steh mit mir auf, Mein Liederbuch I, B 105 oder:
Geh in Deinen Alltag (s. S. 75).

KOPIERVORLAGE

»**Mein Leben kommt aus dem Gleichgewicht, wenn ...**«

Balance-Männchen:

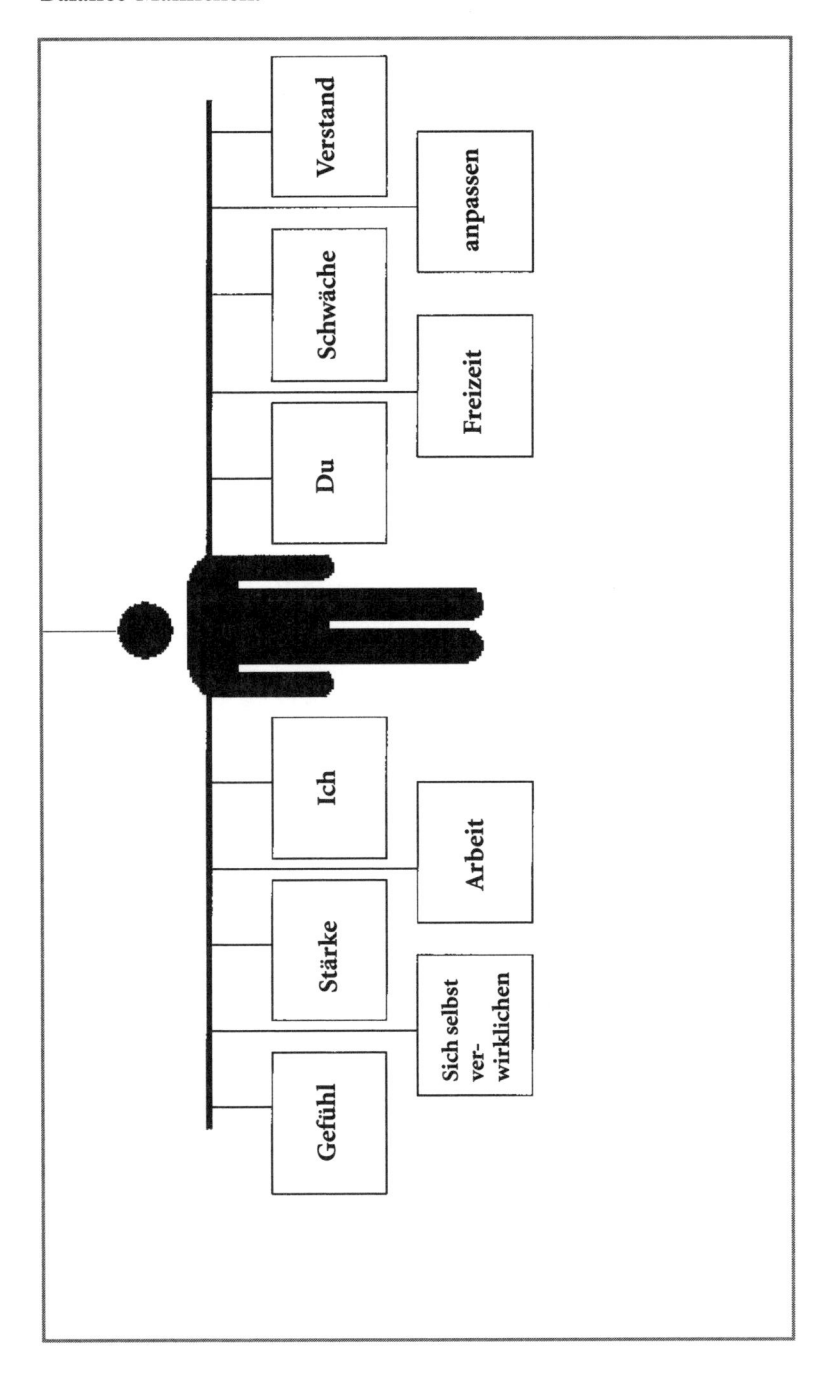

- Verstand
- anpassen
- Schwäche
- Freizeit
- Du
- Ich
- Arbeit
- Stärke
- Sich selbst verwirklichen
- Gefühl

Gott

Gott, Du Unsagbarer
Eine Atempause

Vorbemerkung
Als Material wird benötigt:
- Kopien eines Fußabdrucks
- Stifte
- CD mit meditativer Musik
- CD-Player

Lied: Worauf sollen wir hören (s. S. 37).

Begrüßung
Herzlich begrüße ich euch zu unserem Gottesdienst. Gemeinsam wollen wir den Alltag unterbrechen. Dabei dürfen wir vieles von dem hinter uns lassen, was uns heute beschäftigt hat, und uns auf eine lebenswichtige Suche begeben: Wo finden wir Gottes Spuren in unserem Leben? Kommt er in unserem Alltag vor, in der Familie, in der Schule, in der Ausbildung und im Freundeskreis? Besitzt unser Glaube an Gott eine Bedeutung für unseren Alltag? Oder verbannen wir Gott aus unserem Leben und lassen ihn als großen Unbekannten lieber im Kirchenraum? Euch möchte ich dazu einladen, dass ihr euch in unserem heutigen Gottesdienst dieser Frage stellt.

Lied: Suchen und Fragen, Unterwegs 43.

Impuls
Bestimmt kennt ihr Leute, die immer alles ganz genau wissen. Menschen, die meinen, sie hätten die Weisheit mit großen Löffeln gegessen. Solche Leute können sehr unangenehm sein. Oft verbirgt sich hinter der scheinbaren Sicherheit dieser Menschen viel Unsicherheit und Zweifel.

Wolfgang Hildesheimer, ein bekannter Schriftsteller, sagte einmal mit Blick auf die Menschen, denen »immer alles so klar« ist: »Alles ist bereits Antwort. Keiner fragt, denn keiner weiß, dass man überhaupt fragen kann. Alle sind nur mit dem Antworten groß geworden ... Aber es sind keine

Antworten auf Fragen, vielmehr sind es Scheinantworten, sie dienen dazu, der Frage zuvorzukommen, die Frage zu verhindern, sind dazu entworfen, den Willen zur Frage im Keim zu ersticken, die Frage so zu verdecken, als gäbe es sie nicht.«

Wenn wir hier in der Kirche über Gott nachdenken, müssen wir nicht so tun, als würden wir ihn bereits kennen. Schon in der Bibel findet sich das Eingeständnis: »Kein Mensch hat Gott je gesehen« (1 Joh 4,12). Christen sind nicht Menschen, die bereits alles über Gott wissen, sondern Frauen und Männer, die Gott in ihrem Leben suchen. Zu dieser Suche lade ich euch nun ein.

◆ Fragt ihr euch gelegentlich, warum ihr überhaupt lebt und welchen Sinn euer Leben hat?

◆ Kam euch schon einmal der Gedanke, es könne gar keinen Gott geben?

◆ Und kennt ihr dann auch den Gedanken, dass es doch jemanden geben muss, der die ganze Schöpfung so wunderbar erschaffen hat?

◆ Habt ich schon einmal beim Anblick der faszinierenden Natur gestaunt und gedacht, dies ist Gottes Werk?

◆ Spürt ihr in euch manchmal die Sehnsucht nach jemandem, der euch versteht und euch durch euer ganzes Leben begleitet?

◆ Und habt ihr schon einmal ganz tief in euch hinein gehorcht und dabei ganz leise etwas gehört und gespürt, was euch Geborgenheit schenkt?

◆ Habt ihr schon einmal gebetet und dabei gespürt, dass es jemanden gibt, der euer Gebet erhört?

Gebet
Guter Gott, du kennst uns mit all unseren Zweifeln und Fragen. Du weißt, dass wir dich suchen. Manchmal spüren wir dich. Manchmal ahnen wir dich. Doch manchmal meinen wir auch, du lässt uns ganz allein. Dich bitten wir: Halte in uns die Sehnsucht nach dir lebendig. Und begleite du uns auf unserer Suche nach dir, dem großen Geheimnis unseres Lebens. Amen.

Lied: Herr unser Herr, wie bist du zugegen, Unterwegs 108.

Lesung
Oft sind es gerade sehr gläubige Menschen, die an Gott zweifeln und verzweifeln. Auch der russische Schriftsteller Leo Tolstoi kannte das Gefühl,

wenn sich die scheinbare Gottesgewissheit ins Nichts auflöst. Über die Zeit des Zweifels schrieb er folgenden Text:

Wenn dir der Gedanke kommt,
dass alles, was du über Gott gedacht hast,
verkehrt ist und
dass es keinen Gott gibt,
so gerate darüber nicht in Bestürzung.
Es geht allen so.
Glaube aber nicht,
dass dein Unglaube daher rührt,
dass es keinen Gott gibt.
Wenn du nicht mehr an Gott glaubst,
an den du früher glaubtest,
so rührt das daher,
dass in deinem Glauben etwas verkehrt war,
und du musst dich bemühen,
besser zu begreifen,
was du Gott nennst.
Wenn ein Wilder an seinen hölzernen Gott
zu glauben aufhört,
so heißt das nicht,
dass es keinen Gott gibt,
sondern nur,
dass er nicht aus Holz ist.

Aktion
Ganz verschiedene Schritte führen hin zu ihm, dem großen Geheimnis unseres Lebens. Ich teile nun Zettel aus in Form eines Fußabdrucks. Auf ihnen können wir notieren, wo Gott uns in unserem Leben begegnet. Bitte bringt euren beschrifteten Zettel anschließend nach vorn und legt ihn so auf den Boden, dass im Altarraum ein Weg entsteht.
(Kopie des Fußabdrucks und Stifte austeilen.)

Lied: Wird der Himmel, Ruhama: Eine Welt: Ein Werkheft, missio – Aachen 2000, Titel 12.

Lesung Mt 13,31–32: Das Gleichnis vom Senfkorn.

Fürbitten
Gott, du bist unser Vater, dir dürfen wir anvertrauen, was uns bewegt. Dir tragen wir unsere Bitten vor:

Viele Menschen leiden darunter, dass sie keinen Sinn im Leben finden. Hilf du ihnen, dass sie nicht an der Sinnlosigkeit verzweifeln.
Wir bitten dich, erhöre uns.

Immer mehr Menschen können nicht glauben, dass es einen Gott gibt. Hilf du ihnen, dass sie Glaubensspuren in ihrem Leben entdecken.
Wir bitten dich, erhöre uns.

Viele Eltern wissen nicht, wie sie ihren Kinder den Glauben weitergeben können. Gib ihnen den Mut, ihren Kindern mit eigenen Worten von ihren Hoffnungen und Sehnsüchten zu erzählen.
Wir bitten dich, erhöre uns.

Auch in unserem Leben drängen wir den Glauben oft an den Rand. Dabei willst du keine Randfigur in unserem Leben sein. Lass uns immer wieder Zeiten der Ruhe finden, in denen wir auf deine Stimme hören.
Wir bitten dich, erhöre uns.

Guter Vater, du bist ein Gott des Lebens. Lass uns dich immer wieder als den Gott erfahren, der für uns und unsere Bitten ein offenes Ohr hat. Darum bitten wir durch Christus, unseren Bruder und Herrn. Amen.

Vaterunser

Segen
Eine kleine Geschichte von Elie Wiesel soll unseren heutigen Gottesdienst beenden:
   Rebbe Baruchs Enkel Jechiel kam in Tränen aufgelöst in die Lehrstube des Meisters gerannt.
   »Jechiel, Jechiel, warum weinst du?«

»Mein Freund ist gemein! Er ist unfair! Er hat mich ganz allein gelassen, darum weine ich!«

»Willst du mir das nicht von Anfang an erzählen?«

»Sicher, Großvater, wir haben Verstecken gespielt, ich musste mich verstecken, und er war dran, mich zu suchen. Aber ich hatte mich so gut versteckt, dass er mich nicht finden konnte. Da hat er aufgegeben, er hörte einfach auf, mich zu suchen, und das ist unfair.«

Rebbe Baruch begann, Jechiels Gesicht zu streicheln, und ihm selber traten Tränen in die Augen. »So ist es auch mit Gott, Jechiel«, flüsterte er leise. »Stell dir Seinen Schmerz vor. Er hat sich versteckt, und die Menschen verstehen ihn nicht. Verstehst du, Jechiel? Gott versteckt sich und der Mensch sucht Ihn nicht einmal.«

Dass wir suchende Menschen bleiben, das wünsche ich uns. Dazu segne uns unser guter Gott, der Vater, Sohn und Heilige Geist. Amen.

Lied: Kommt mit uns (s. S. 104).

Gott, der gute Schöpfer
Eine Frühschicht

Vorbemerkungen
Für jeden Jugendlichen sollte ein Stuhl bereitstehen. Es empfiehlt sich, die Stühle im Halbkreis vor die Leinwand zu stellen.
Für diesen Gottesdienst werden die folgenden Materialien benötigt:
- Leinwand und Diaprojektor
- Das Dia »Schöpfung« von Sieger Köder (aus: Sieger Köder: Bilder zum Alten Testament. 48 Farbdias, Schwabenverlag, Ostfildern). Statt des Dias kann auch eine Postkarte für jeden Teilnehmer mit demselben Motiv dienen (ebenfalls über den Schwabenverlag erhältlich).
- Vergrößerung zweier Hände (s. Kopiervorlage)
- Zwei (Kollekten-) Körbchen. Eins gefüllt mit Steinen, eins gefüllt mit Teelichtern (ein Stein bzw. ein Teelicht pro Teilnehmer).
- Nach Bedarf ein Kassettenrekorder bzw. CD-Player mit ruhiger Musik.

Lied zur Eröffnung: Ich lobe meinen Gott, Unterwegs 161 oder: Zeige uns, Herr, deine Allmacht und Güte, Unterwegs 45.

Begrüßung
Lasst uns diesen Gottesdienst beginnen im Namen des Vaters, des Sohnes und des Heiligen Geistes. Amen.
  Wir haben uns in der letzten Zeit in den Gruppen viele Gedanken über Gott gemacht. Wir haben diskutiert, Meinungen ausgetauscht und neue Gedanken kennen gelernt. Das Wort »Gott« führen wir oft im Mund. Doch oft wird es auch leichtfertig gebraucht, manchmal sogar missbraucht! Davon erzählt der folgende Text.

Was man alles mit Gott machen kann
Man kann Gott verantwortlich machen für Hunger und Elend.
Man kann Gott leugnen, weil er sich nicht sehen lässt und Unglück nicht verhindert.
Man kann Gott mieten zu besonderen Anlässen. Er dient der Feierlichkeit und fördert den Umsatz.

Man kann Gott nur für sich haben wollen und anderen – besonders Andersdenkenden – Gott absprechen.

Man kann Gott für die eigene Macht gebrauchen, indem man sagt, alle Autorität komme von Gott.

Man kann im Namen Gottes Kriege führen, Menschen verdammen und töten und sagen, das sei Gottes Wille.

Man kann mit dem Ruf »Gott will es!« Angriffe als »Kreuzzüge« tarnen und auf Soldatenuniformen »Gott mit uns« schreiben.

Das alles aber ist gott-los.

Man kann mit Gott nichts »machen«, weder ihn gebrauchen noch ausnutzen, denn Gott ist Liebe, und daran hat nur Anteil, wer diese Liebe in sich selbst groß werden lässt.

(aus: Hubertus Halbfas, Der Sprung in den Brunnen, Patmos-Verlag GmbH & Co.KG, Düsseldorf 1981, 1996)

Einfinden in der Gegenwart Gottes

Es kommt nicht darauf an, sich schlaue Gedanken über Gott zu machen. Sondern wichtig ist es, Gott und seine Gegenwart in unserem Leben zu entdecken. Ich möchte euch nun zu einer kleinen Meditation einladen.

Der folgende Text wird langsam und ruhig gesprochen. Es kann – gerade bei mit Meditation unerfahrenen Gruppen – sinnvoll sein, ruhige Musik im Hintergrund einzublenden.

Setz dich bitte aufrecht auf deinen Stuhl.
Leg die Hände locker auf deinen Schoß.
Lass den Kopf locker nach unten hängen.
Wenn du magst, dann schließe jetzt deine Augen.
Atme einmal ganz tief ein und aus.
Konzentriere dich ganz auf dich selbst.
Nimm wahr, wie deine Füße den Boden berühren.
Versuche in Gedanken Kontakt zwischen deinen Füßen
und der Erde herzustellen.
Deine Füße werden getragen von der Erde.

Nimm wahr,
wie dein Gesäß auf dem Stuhl sitzt.
Wo spürst du eine Berührung mit dem Stuhl?
Der Stuhl gibt dir Halt.

Deine Schultern dürfen locker nach unten hängen.
Du darfst jetzt ganz entspannt sein.
Auch die Arme und Hände verlieren mehr und mehr an Spannung.
Du darfst alles loslassen.

Achte auf deinen Atem.
Du brauchst nichts zu tun.
Einatmen,
– ausatmen.
Das geschieht von selbst.
Du musst nichts dafür tun.

Das, was du zum Leben brauchst, wird dir geschenkt.
Genieße dieses Gefühl einen Moment!

(Je nach Fähigkeit der Gruppe folgt nun eine Zeit der Stille. Für eher ungeübte Jugendliche dürften mehr als zwei Minuten Stille schon fast zu viel sein.)

Wenn wir uns selbst ganz nah kommen,
dann sind wir auch Gott ganz nah.
Wenn wir an dem Punkt sind,
wo wir ganz loslassen,
wo wir nichts mehr wollen,
wo wir nichts mehr denken,
wo wir einfach nur da sind,
da beginnt Gott in uns zu denken
und zu wollen,
da ist Gott ganz nah.

Kehre nun mit deinen Gedanken
wieder ganz bewusst hier zu uns in die Kirche zurück!
Reck dich einmal!
Atme dabei tief ein und aus!
Dann öffne langsam die Augen!
Nimm bewusst wahr, wer hier alles mit dir ist.

Lied: Im Heute und im Morgen, Mein Liederbuch II C 38.

Bildbetrachtung

Nun wird das Dia des Bildes »Schöpfung« von Sieger Köder eingeblendet (bzw. die Postkarten mit dem Bild herumgereicht).

Sprecher: Ich möchte euch bitten, das Bild in Ruhe zu betrachten.
Lasst es auf euch wirken.
Achtet auf die Farben des Bildes.
Achtet auf Helligkeit bzw. Dunkelheit.
Achtet auf Formen und Figuren.

Die Teilnehmer betrachten das Bild in Stille.

Sprecher: Ich möchte euch nun einladen, dass wir uns mitteilen, was wir auf dem Bild entdeckt haben. Was hat angesprochen? Was hat eher befremdet? Was fasziniert?

Der Gesprächsleiter kann auf weitere Einzelheiten des Bildes hinweisen.

Lied: Gottes Schöpfung, gute Erde, Unterwegs 54.

Biblische Lesung

V: Es gibt zahlreiche Psalmen, die Gott, den guten Schöpfer der Erde, besingen. Der Psalm 104 ist wohl einer der bekanntesten und schönsten. Einen Auszug aus diesem Pssalm werden wir nun vorlesen.

Der folgende Text wird bewusst langsam vorgelesen.

1. Sprecher: Lobe den Herrn, meine Seele! Herr, mein Gott, wie groß bist du! Du bist mit Hoheit und Pracht bekleidet. (...)

2. Sprecher: Herr, wie zahlreich sind deine Werke! Mit Weisheit hast du sie alle gemacht, die Erde ist voll von deinen Geschöpfen. Sie alle warten auf dich, dass du ihnen Speise gibst zur rechten Zeit.

3. Sprecher: Gibst du ihnen, dann sammeln sie ein; öffnest du deine Hand, werden sie satt an Gutem. Verbirgst du dein Gesicht, sind sie verstört; nimmst du ihnen den Atem, so schwinden sie hin und kehren zurück zum Staub der Erde. Sendest du deinen Geist aus, so werden sie alle erschaffen, und du erneuerst das Antlitz der Erde.

4. Sprecher: Ewig währe die Herrlichkeit des Herrn; der Herr freue sich seiner Werke. (...) Ich will dem Herrn singen, solange ich lebe, will meinem Gott spielen, solange ich da bin. Möge ihm mein Dichten gefallen. Ich will mich freuen am Herrn. (...) Dankt dem Herrn! Ruft seinen Namen an! Macht unter den Völkern seine Taten bekannt!

Lied: Gott gab uns Atem, Unterwegs 49 oder:
Alles, was atmet, Mein Liederbuch II 166.

Lob, Dank und Bitte
Gut sichtbar wird nun die vergrößerte Kopie der Hände (siehe Kopiervorlage) auf den Boden gelegt. Außerdem werden nun die zwei Körbchen mit Teelichtern und Steinen gebracht.

Vor uns liegen die Hände, die wir von dem Bild, das wir uns eben angeschaut haben, schon kennen. In Gottes Hände können wir alles legen, was uns in unserem Leben belastet und was uns in unserem Leben Freude bereitet.

Hier sind zwei Körbchen. In dem einen befinden sich Steine, in dem anderen befinden sich Teelichter. Jeder darf gleich in die Hände einen Stein oder ein Teelicht legen. Der Stein steht für das, was euch belastet, was euch Schwierigkeiten macht, für das ihr bitten möchtet. Das Licht steht für all das, was euer Leben hell macht, für das Schöne, für das ihr danken wollt. Es wäre schön, wenn diejenigen, die einen Stein oder ein Teelicht aufstellen, dazu etwas sagen könnten. Denn mitgeteiltes Leid ist halbes Leid. Mitgeteilte Freude ist doppelte Freude. Dazwischen singen wir jeweils den folgenden Liedruf.

Liedruf: Herr, in deine Hände lege ich, Troubadour 1050.

Vaterunser
Es tut gut zu wissen, dass ich nicht alleine bin auf meinem Weg, dass ich Weggefährten habe. Lasst uns deshalb nun, wenn wir das Gebet des Herrn sprechen, die Hände reichen. Keiner steht für sich allein, jede und jeder von uns ist ein Kind Gottes. So lasst uns beten: Vater unser ...

Lied: Wir wissen nicht, wann diese Welt, Mein Liederbuch II B 161.

Segen
Geht mit der Einsicht, dass Gott es ist,
der euch ins Leben gerufen hat und euch immer wieder neu zum Leben ruft.
Geht mit dem Glauben, dass Gott es ist,
der uns den Auftrag gibt, die Erde zu behüten und zu bewahren.
Geht mit der Hoffnung, dass Gott es ist, der euch trägt, der euch nicht verlässt, ein Leben lang.
So segne uns der Schöpfer-Gott, der Vater, der Sohn und der Heilige Geist.
Amen.

KOPIERVORLAGE

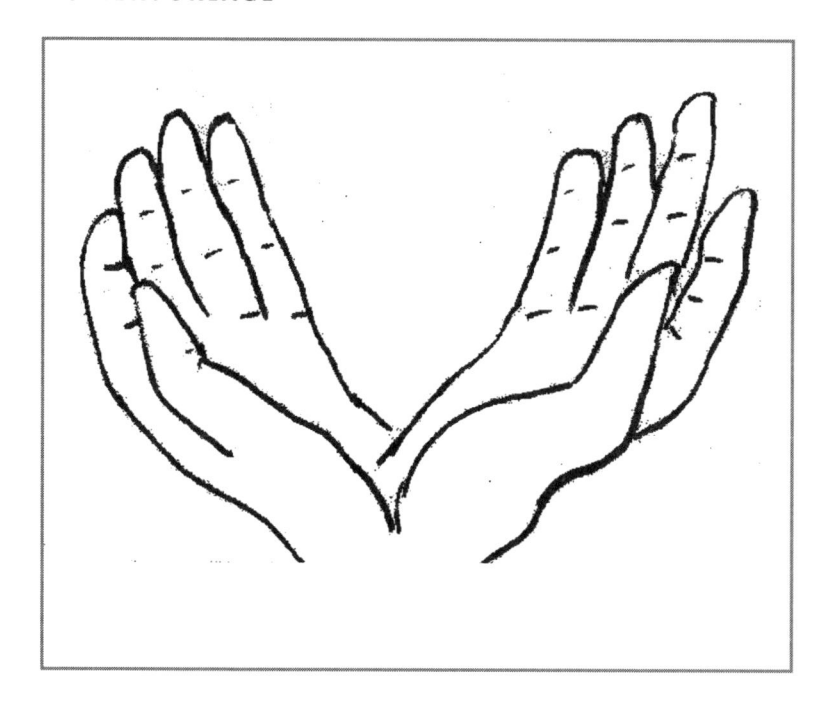

Wege zum Glauben

Ein Pilgerweg

Vorbemerkung

Der folgende Gottesdienstvorschlag ist als Pilgerweg gestaltet. Die äußere Form des Weges korreliert mit der inhaltlichen Gestaltung: Im Rahmen der einzelnen Stationen werden ungewöhnliche Glaubenswege junger Christen vorgestellt. Die Wege zwischen den einzelnen Stationen sollten möglichst in Stille zurück gelegt werden. Als Material werden benötigt:
- Karikatur »Hürden auf dem Weg zu Gott« (siehe Kopiervorlage)
- (Techno-) CD
- Todesanzeige
- Wandkreuz
- Bibel
- Spiegel

Die Hürden des Alltags

Der Gottesdienstleiter hat die Karikatur »Hürden auf dem Weg zu Gott« vergrößert und hängt sie an eine Wand. Der Gottesdienstleiter bittet die Jugendlichen, die Karikatur zu betrachten und ihre spontanen Assoziationen zu äußern. Er fragt die Jugendlichen, wann sie in ihrem Leben Glaubenshürden als Hürden auf dem Weg zu Gott erleben. Im Gruppengespräch äußern sich die Jugendlichen. Der Gottesdienstleiter erwähnt, dass es immer wieder Menschen gibt, die Glaubenshürden überwinden und sich auf den Weg zu Gott machen. Er fordert die Jugendlichen auf, sich mit ihm auf den Weg zu machen und ihn bei einem außergewöhnlichen Spaziergang zu begleiten. An fünf verschiedenen Stationen wird er den Jugendlichen jeweils ein Glaubenszeugnis vorlesen. Nach der fünften Station kehrt die Gruppe wieder zurück zum Gruppenraum, wo der Spaziergang mit der sechsten Station endet.

Erste Station

Der Gottesdienstleiter zeigt den Jugendlichen eine CD. Dann liest er (oder einer der Jugendlichen) das folgende Glaubenszeugnis von Holger Schultze vor, einem Zivildienstleistenden aus München:

»Ich bin durch Techno zum Glauben gekommen. Ich mache Musik, seit ich 15 Jahre bin, und als in München der erste Techno-Gottesdienst in der St. Johanniskirche stattfand, bin ich hingegangen. Die Leute, die den Rave organisiert hatten, haben mich fasziniert: Sie strahlten so eine Zufriedenheit aus. Es waren alles junge Christen von »Planet life«, einem Verein, der Techno-Gottesdienste macht und von der evangelischen Kirche unterstützt wird. Ich bin dann zu ihren Treffen gegangen, und seit kurzem wohne ich auch mit Freunden von »Planet life« zusammen – wir sind sozusagen eine gläubige WG. Früher dachte ich: Kirche, Glaube, das ist doch etwas Verstaubtes für alte Leute. Heute kommt für mich erst mal Gott und dann lange nichts. Ich bin deswegen nicht weltfremd geworden, ich mach' genauso viel Party wie vorher. Aber ich gehe jetzt offener auf Leute zu, sogar wenn ich sie nervig finde: Ich weiß ja, dass Gott auch sie liebt. Als Zivi im Krankenhaus bete ich für die Menschen dort, ich glaube, dass ihnen das hilft. Später will ich Musikproduzent werden, das ist sicher riskanter als Bankangestellter; aber seit ich weiß, dass Gott für mich da ist, mache ich mir um meine Zukunft nicht mehr so viele Sorgen. Bei »Planet life« organisiere ich viermal jährlich die Techno-Gottesdienste mit. Techno und Glaube passen gut zusammen, weil Techno eine ideologiefreie Musik ist, und man viele Botschaften damit vermitteln kann. Abendmahl mit Lasershow und fettem Sound – manche Kirchenleute sind entsetzt, wenn bei unseren Gottesdiensten 600 Leute vor dem Altar tanzen. Unser Glaube ist ihnen zu emotional. Aber jedem begegnet Gott anders. Für mich ist Glaube ein Rausch, und der Heilige Geist ist mein Ecstasy.«

Nachdem der Text vorgelesen wurde, wird der Spaziergang in Richtung der zweiten Station fortgesetzt.

Zweite Station

Der Gottesdienstleiter legt die vergrößerte Kopie einer Todesanzeige auf die Erde. Dann liest er oder einer der Jugendlichen das Glaubenszeugnis von Anne Hagert-Winkler vor, einer Medizinstudentin, die in der Nähe von Leipzig wohnt:

»Ich bin ohne konfessionelle Bindung aufgewachsen. Einige meiner Schulfreundinnen wurden konfirmiert, und was sie vom Religionsunterricht erzählten, fand ich sehr interessant. Damals begann für mich wohl der Prozess, der mich zum Glauben geführt hat. Nach einem abgeschlossenen Handelsstudium arbeitete ich zwei Jahre an der Berliner Charité auf einer Intensivstation als Schwesternhelferin. Täglich sahen wir uns konfrontiert mit dem Tod, und die Frage nach der Würde des Menschen, nach einem Sterben in Würde beschäftigte mich sehr. Ich habe dann in Leipzig ein Medizinstudium begonnen, und seitdem begreife ich Glauben auch als Gegengewicht zu unkritischer Wissenschaftsgläubigkeit: Nicht alles, was medizinisch möglich ist, sollte auch gemacht werden. Und seitdem ich im Uni-Chor Bach-Passionen und andere geistliche Musik gesungen habe und in der Thomaskirche Motetten mit biblischen Texten höre, setze ich mich zwangsläufig auch mit solchen Inhalten auseinander. Nun ist das mit dem Glauben ja nicht so, dass man darüber nachdenkt, und ab morgen glaubt man. Es sind Gedanken, Gefühle, Empfindungen, mal mehr, mal weniger stark. Aber sie haben mich nie mehr losgelassen. Vor zwei Jahren habe ich mich von der Thomaskirche zum Tauf- und Konfirmationsunterricht für Erwachsene angemeldet. Aus dem Vorbereitungskreis ist nach der Taufe ein Gesprächskreis von 14, 15 jungen Leuten gewachsen, der mir sehr wichtig ist. Einmal in der Woche kommen wir zusammen und reden über Dinge, die uns bewegen: von Organspende bis zu biblischen Themen.«

Nachdem der Text vorgelesen wurde, wird der Spaziergang in Richtung der dritten Station schweigend fortgesetzt.

Dritte Station

Der Gottesdienstleiter hält ein kleines Kreuz in der Hand. Dann trägt er oder einer der Jugendlichen das Glaubenszeugnis von Marlies Müller vor, einer Verwaltungsangestellten aus Hamburg:

»Nach einer dramatischen Geburt stand mein Leben auf der Kippe, und es war fraglich, ob ich die bevorstehende Operation überleben würde. Ich hatte furchtbare Angst, fühlte mich ausgeliefert, verlassen und marterte mich bei dem Gedanken:» Wenn du stirbst, steht dein Mann mit dem Neugeborenen und zwei kleinen Söhnen allein da.« Und plötzlich sah ich es bewusst – das Kreuz gegenüber meinem Bett an der Wand. Ich musste an Jesus denken, wie er am Kreuz hing. ›Mein Gott, warum hast du mich verlassen?‹ hatte er in extremer Not gesagt. Auch er hatte Todesängste, und er hat sie durchgestanden. Auf einmal fühlte ich mich ihm ganz nahe, so als säße er neben mir. Ich begann zu beten und fasste festes Vertrauen, dass es jetzt weitergehen würde mit mir. Während des mehrstündigen Eingriffs am nächsten Tag staunten die Ärzte über meine Kondition, und ich erholte mich rasch. Seit diesem Schlüsselerlebnis ist die Angst wie ausgeklammert aus meinem Leben. Ich habe im Glauben einen inneren Schatz entdeckt: dass man nie allein ist und jede noch so schwere Last irgendwie tragen kann. Ich weiß aber auch, dass ich klagen darf, um alles bitten und mich auch mal überfordert fühlen kann. Dieser Du-bist-nicht-allein-Gedanke lässt mich mit allem gelassener umgehen.«

Wiederum wird der Spaziergang auch in Richtung der vierten Station schweigend fortgesetzt.

Vierte Station
Der Gottesdienstleiter hält eine Bibel in der Hand. Dann trägt er oder einer der Jugendlichen das Glaubenszeugnis von Olaf Malz aus Hamburg vor:

»Damals dachte ich mir: Wenn Gott wirklich etwas mit mir und meinem verkorksten Leben vorhat, dann soll er mir das jetzt gefälligst zeigen – und bin losgegangen, zu Fuß, weg von Hannover. Ich war 22. Nach den Jahren im Kinderheim und bei Pflegefamilien gab's für mich in dieser Stadt nur Chaos: Ich war obdachlos, kannte jede Spielhalle und hatte Riesenärger mit meiner Mutter und dem Sozialamt. Aber immerhin war es auch diese Stadt, in der ich zum ersten Mal Kontakt mit Leuten hatte, die Jesus kannten. Ich spielte Bass in einer Reggae-Band; deren Textbuch war die Bibel. Und auch wenn mir der Glaube der Rastafaries nicht zusagte, war es einfach toll zu sehen, wie hilfsbereit die Menschen waren. Als mir ein Buch mit dem Titel »Fragen« in die Hand fiel, in dem ganz schlicht die Grundlagen des christlichen Glaubens erklärt wurden, fällte ich eine Entscheidung: Ich wollte diesem Gott, der mich offenbar wirklich liebte, mein Leben überlassen. So bin ich also losmarschiert und über Bremerhaven und Cuxhaven in Hamburg gelandet ... Ein Freund, den ich dort fand, wurde für mich zum Seelsorger. Ihm verdanke ich sehr viel. Seither hat sich für mich vieles verändert: Ich habe einen Job und eine Wohnung und Freunde. Seit ich mit Jesus lebe, hat alles ein anderes Gesicht.«

Dann erzählt der Gottesdienstleiter an dieser Stelle, dass in der Bibel eine ähnliche Glaubenserzählung zu finden ist: Die Erzählung vom Aufbruch des Abrahams (Gen 12,1–5). Er schlägt die Geschichte in der Bibel auf und liest sie vor, bevor die Gruppe (schweigend) zurück zum Gruppenraum geht. Dort befindet sich die letzte Station.

Fünfte Station
Die Jugendlichen setzen sich um einen Spiegel herum, der auf dem Boden liegt. Der Gottesdienstleiter erinnert an die vier unterwegs gehörten Glaubensgeschichten und weist darauf hin, dass er als Symbol für die fünfte und letzte Glaubensgeschichte einen Spiegel in die Mitte gelegt habe. Er bittet die Jugendlichen, dass sie nun an ihre eigene Glaubensgeschichte denken. Er hebt den Spiegel an und fordert die Jugendlichen auf, einen kurzen Blick in den Spiegel zu werden. Denn darin würden sie schließlich die wichtigste Glaubensgeschichte entdecken.

Der Gottesdienstleiter beendet die letzte Station mit einem alten irischen Segensgebet.

Segen
Geh deinen Weg ruhig – mitten in Lärm und Hast,
und wisse, welchen Frieden die Stille schenken mag.
Steh mit allen auf gutem Fuß, wenn es geht,
aber gib dich selber dabei nicht auf.

Lebe mit Gott in Frieden, wie du ihn jetzt für dich begreifst.
Und was auch immer deine Mühen und Träume sind
in der lärmenden Verwirrung des Lebens –
halte Frieden mit deiner eigenen Seele.

Denn mit all ihrem Trug, ihrer Plackerei
und ihren zerronnenen Träumen –
die Welt ist immer noch schön.

(alle Glaubensberichte dieses Pilgerwegs sind entnommen aus: »Was glauben Sie eigentlich? – Auf der Suche nach Gott. Brigitte 9/99)

KOPIERVORLAGE

(Glaubenskampf, aus: »image« – Ökumenischer Dienst für Pfarr- und Gemeindebriefe.
© *Verlag Bergmoser & Höller, Aachen)*

Gott, wo bist du?

Ein multimedialer Gang durch die Kirche

Vorbemerkungen
Bisher handelt es sich bei der Gottesdienstform »Multimedialer Gang« um eine eher unbekannte Gottesdienstform. Wesentliche Elemente dieser Gottesdienstform sind ein Wechsel zwischen Großgruppen und Einzelbesinnungselementen. In der Regel sind in der Kirche verschiedene Stationen aufgebaut, die von den Teilnehmern entweder in beliebiger Reihenfolge oder aber nach einem festen Laufplan aufgesucht werden.

Das besondere ist nun, dass diese Stationen mit den unterschiedlichsten Medien, eben multimedial, arbeiten. Von visuellen über akustischen und schriftlichen Medien ist alles möglich. Ziel ist es, die Teilnehmer auf einer ganzheitlichen Ebene anzusprechen.

Die Teilnehmerzahl sollte zwanzig nicht überschreiten. Es ist problemlos möglich diesen Gottesdienst an mehreren Abenden zu wiederholen, so dass alle Jugendlichen eines Firmkurses daran teilnehmen können.

An verschiedenen Orten in der Kirche sind vier »Stationen« aufgebaut. An jeder Station hängt ein großes Plakat (siehe Kopiervorlage). Auf dem Plakat finden sich Hinweise, was an der jeweiligen Station zu tun ist. Die Beleuchtung in der Kirche sollte eher spärlich sein. Nur die einzelnen Stationen sind ausreichend beleuchtet.

Neben den Materialien, die an den einzelnen Stationen angegeben sind, wird für die Schlussrunde benötigt:
◆ Holzkreuz, in das Nägel gehauen werden dürfen
◆ Hammer

Lied zur Eröffnung: Wo zwei oder drei, Unterwegs 129 oder: Andere Lieder wollen wir singen, Unterwegs 42.

Begrüßung
Ja, darauf vertrauen wir, dass Gott jetzt mitten unter uns ist. Und so lasst uns in seinem Namen beginnen: Im Namen des Vaters und des Sohnes und des Heiligen Geistes. Amen.

Einleitung

Sprecher 1: Die bange Frage »Gott, wo bist du« beschäftigt uns Menschen immer wieder:
Gott, wo bist du angesichts von Krieg und Gewalt?
Gott, wo bist du angesichts sinnlosen Leides?
Gott, wo bist du angesichts unzähliger Katastrophen?
Zu unserem Leben gehört nicht nur die Erfahrung von Glück, Erfüllung und Freude. Leider können auch Angst, Bedrohung, Leid und Einsamkeit unser Leben überschatten. Auch Jesus waren diese Erfahrungen nicht fremd. In dieser Nacht wollen wir nachspüren und miterleben, wie Jesus mit seiner Angst umgegangen ist. Dazu begleiten wir ihn in seinen letzten Lebensstunden. Vielleicht können wir von Jesus lernen, wie wir mit den bitteren Erfahrungen in unserem Leben umgehen können.

Sprecher 2: Mit dem Einzug nach Jerusalem hatte es so positiv für Jesus begonnen. Die Bewohner von Jerusalem hatten ihn als ihren König gefeiert. Doch schon am Abend, als Jesus mit seinen Freunden beim Abendmahl sitzt, da spürt er, dass Gefahr für ihn droht. Er spürt, dass die Machthaber im Lande nicht mehr lange tatenlos zusehen werden, wie sich sein Ruf im ganzen Land ausbreitet. Er spürt existenzielle Bedrohung und Todesangst.

Er spürt aber auch, dass er seinem Weg und seiner Sendung, den Menschen das Reich Gottes zu verkünden, treu bleiben muss. Mit diesen Gefühlen zieht er sich in einen Garten zurück, um alleine zu sein und nachdenken zu können, um ganz bei Gott zu sein, um zu beten. Davon erzählt der folgende Bibeltext.

Bibeltext: Mk 14,32–39: Das Gebet in Getsemani.

Ablauf

Diese Nacht ist nicht so gestaltet wie ein normaler Gottesdienst. Deswegen möchte ich euch nun kurz erklären, wie dieser Gottesdienst ablaufen soll:
1. Wir haben in der Kirche vier Stationen aufgebaut. An jeder Station brennen einige Kerzen, so dass die Stationen gut zu finden sind.

2. Jede und jeder ist eingeladen zu den Stationen zu gehen. Und zwar so, dass die vierte Station (Zuspruch) als letzte Station aufgesucht wird.
3. Die Reihenfolge, in der ihr die ersten drei Stationen aufsucht, ist egal.
4. An den Stationen hängt ein Plakat mit Arbeitsanweisungen, was an diesen Stationen jeweils zu tun ist.
5. Während ihr die Stationen aufsucht, wird meditative Musik gespielt werden. Das soll euch helfen, in den nächsten Minuten schweigend die einzelnen Stationen anzulaufen. Wenn die Musik ausgeht, dann sollen sich alle auf den Weg zur vierten Station machen.

(Diese Regel ermöglicht es den Gottesdienstleitern, den Gottesdienst zeitlich zu steuern. Wenn es sich abzeichnet, dass schon sehr viele Teilnehmer alle Stationen abgelaufen haben, kann durch das Abstellen der Musik der Gottesdienst verkürzt werden. Im Idealfall sollten allerdings alle Teilnehmer die Möglichkeit erhalten, alle Stationen mitzumachen.)

Aufsuchen der Stationen
Die Teilnehmer verteilen sich nun auf die drei Stationen. Dazu wird meditative, ruhige Musik eingeblendet.

Inhalt	Material
Station: Gefangen Ein Kreis (ca. 1,5–2,0 m Durchmesser) wird von Stacheldraht umgeben vor einer Wand aufgebaut. An der Wand wird das Plakat »Gefangen« (siehe Kopiervorlage) so aufgehängt, dass es aus dem Kreis heraus gut lesbar ist. Bei dem Plakat liegen Zettel und Stifte.	◆ Kerzen ◆ eine Rolle Stacheldraht ◆ Zettel ◆ Stifte ◆ Evangelium Mk 14,43–46: Die Gefangennahme

Station: Gott, wo bist du? An dieser Station sind ein oder zwei Kassettenrekorder aufgebaut, die jeweils mit Kopfhörern versehen sind. Auf einer Kassette ist mehrfach nacheinander das Stück »Gott, wo bist du« aus Wolfgang Borchert »Draußen vor der Tür« aufgenommen. Ein großes Plakat liegt auf der Erde oder hängt an der Wand. Stifte liegen bereit. Das Plakat »Gott, wo bist du?« (siehe Kopiervorlage) hängt an der Wand.	◆ Kassettenrekorder mit Kopfhörer ◆ Kassette mit Auszug aus dem Hörspiel »Draußen vor der Tür« von Wolfgang Borchert (aus: Draußen vor der Tür. Audiobook. Cassette. Laufzeit ca. 83 Minuten, HÖR Verlag: 1995) ◆ Text des Szenenausschnittes aus »Draußen vor der Tür« von Wolfgang Borchert (in: Das Gesamtwerk, Rowohlt Verlag, Hamburg 1991) ◆ Evangelium Mk 15,33–34: Der Tod Jesu ◆ Kerzen ◆ großes Plakat ◆ Stift
Station: Meine Ängste An dieser Station hängt das Bild »Der Schrei« von Edvard Munch (oder es wird, wenn ein Dia von dem Bild vorhanden ist, als Dia an eine Wand projiziert). Das Plakat »Meine Ängste« (siehe Kopiervorlage) hängt ebenfalls an der Wand. Außerdem liegen ausgeschnittene Sprechblasen und Stifte sowie Kreppband bereit.	◆ Bildposter oder Dia: »Der Schrei« von Edvard Munch (zu beziehen z.B. bei www.poster.de, Artikelnummer 2602072) ◆ Sprechblasen (siehe Kopiervorlage) ◆ Evangelium Lk 22,41–44: Das Gebet am Ölberg ◆ Stifte ◆ Kerzen ◆ Kreppband

(4.) Station: *Zuspruch* An dieser Station liegen Nägel sowie Kopien von Bibelstellen (siehe Kopiervorlage) bereit. Jede Bibelstelle ist mehrfach kopiert. Die Teilnehmer suchen sich aus den Bibelstellen eine Stelle heraus, die sie im Moment besonders anspricht. Mit einem Nagel und der Bibelstelle in der Hand gehen die Teilnehmer vom Mittelgang aus auf das Kreuz im Altarraum zu. Sollte im Altarraum kein Kreuz hängen oder stehen, kann selbstverständlich der Weg zu einem anderen Kreuz in der Kirche führen!	◆ Kopien der Bibelstellen ◆ Nägel für jeden Teilnehmer ◆ Kerzen ◆ Papier und Stifte

Schlussrunde

Die Jugendlichen werden eingeladen, die Bibelstelle, die sie an der Station »Zuspruch« ausgewählt haben, vorzulesen. Die Teilnehmer können kurz erläutern, warum sie gerade diese Bibelstelle ausgesucht haben.

Anschließend nageln sie die Bibelstellen an das Holzkreuz, das in der Mitte liegt.

Nachdem die Teilnehmer jeweils ihren Bibeltext ans Kreuz geschlagen haben, wird der folgende Liedruf gesungen:

Liedruf: Aus der Tiefe rufe ich zu dir, Liederbuch I, B100.

Vaterunser

Vieles ist uns in den letzten Minuten durch den Kopf und zu Herzen gegangen. Lasst uns alle unsere Gedanken in dem Gebet münden, das Jesus selber uns beigebracht hat: Vater unser ...

Lied: Geh in deinen Alltag

T.: Frank Reintgen / M.: Bernward Hoffmann

1. Geh in deinen Alltag, du gehst nicht allein.
Such nach neuen Wegen, du suchst nicht allein.
Gestalte diese Schöpfung, Gott verlässt dich nie.
(2. Str.) Bau die neue Erde, du hast Energie.

2. Spinn an neuen Plänen, geh und misch dich ein.
   Sag laut deine Meinung, geh und misch dich ein.
   Beachte, was dir zufällt, Gott verläßt dich nie.
   Versprüh' neue Ideen, du hast Phantasie.

Segen

Gott sei du unser Mut, wenn die Angst größer wird.
Sei du unser Licht, wenn das Dunkel der Nacht über uns herein bricht.
Sei du unsere Hoffnung, wenn wir keinen Sinn finden.
Sei du unser Stärke, wenn wir den Mut verlieren.
So bitten wir dich: Bleibe du bei uns mit deinem Segen.
Du, der Vater, der Sohn und der Heilige Geist. Amen.

KOPIERVORLAGEN

STATION: GEFANGEN

Gefangen

Begebe dich in den Kreis,
der vom Stacheldraht umfangen wird.
Stell dich in den Kreis,
so dass du dieses Plakat
weiter lesen kannst.

Steh ganz ruhig da!
Gib acht auf dich:
Was geht dir durch den Kopf,
was empfindest du,
welche Gefühle bemerkst du?

Fasse den Stacheldraht an,
nimm ihn in deine Hände!
Fühle seine Härte!
Fühle seine Schärfe!
Fühle seine Kälte!
Fühle seine Brutalität!

Kennst du das Gefühl,
hinter einem Stacheldraht zu leben,
gefangen zu sein,
nicht aus deiner Haut zu können,
an die anderen nicht heranzukommen,
allein zu sein?
Umfasse den Stacheldraht
und mach dir die Schmerzen bewusst,
die er in deinem Alltag bewirkt!

Bleibe noch einen Moment still stehen
und gehe deinen Gedanken nach!
Steige dann aus dem Kreis heraus und lese weiter!

Wenn du magst
kannst du nun aufschreiben,
was dich in deinem Leben unfrei macht,
wo du Stacheldraht in deinem Alltag begegnest,
wo du auf Befreiung hoffst.

Zettel und Stifte liegen bereit.
Hänge den / die Zettel
in den Stacheldraht.

STATION: GOTT, WO BIST DU?

Höre dir die Passage auf der gleich abgespielten Kassette an. Es ist ein Auszug aus dem Hörspiel »Draußen vor der Tür«. Wolfgang Borchert schrieb dieses Stück im Spätherbst 1946 in wenigen Tagen. Es handelt von dem Soldaten Beckmann, der nach dem 2. Weltkrieg nach Deutschland zurückkehrt. In seinem Stück verarbeitet Borchert viele autobiographische Erlebnisse. Es ist ein Stück über die Kriegsgeneration; einer Generation, der die Hoffnung und das Vertrauen auf die guten Kräfte in der Welt im Krieg ausgetrieben wurden; eine Generation, für die Gott in den Schützengräben gestorben ist. Der Auszug auf der Kassette gibt das Zusammentreffen Beckmanns mit dem »lieben Gott« wieder. Einen Textauszug findest du in Kopie auf einem Zettel.

Lass das, was du gehört hast,
auf dich wirken!

Wie ist das in deinem Leben?
Gibt es Momente,
in denen du nicht an Gott glauben kannst,
in denen du zweifelst,
in denen du dich von Gott verlassen fühlst,

in denen du dich fragst,
wo ist Gott bei all dem Leiden,
wie kann er das zulassen?

Denke nach!
Gibt es Momente,
in denen du Gott begegnest,
in denen du ihn hörst,
in denen du spürst, dass er da ist?

Denke nach!
Hat Gott eine Bedeutung für dich?
Glaubst du an ihn?

Wenn du magst,
schreibe deine Gedanken auf das Plakat!

Wo bist du Gott

BECKMANN: Und da kommt auch ein alter Mann, der sieht aus wie der liebe Gott. Ja, beinahe wie der liebe Gott. Nur etwas zu theologisch. Und so weinerlich. Ob das der liebe Gott ist? Gu-ten Tag, alter Mann. Bist du der liebe Gott?
GOTT: (weinerlich): Ich bin der liebe Gott, mein Junge, mein armer Junge!
BECKMANN: Ach, du bist also der liebe Gott. Wer hat dich eigentlich so genannt, lieber Gott? Die Menschen? Ja? Oder du selbst?
GOTT: Die Menschen nennen mich den lieben Gott.
BECKMANN: Seltsam, ja, das müssen ganz seltsame Menschen sein, die dich so nennen. Das sind wohl die Zufriedenen, die Satten, die Glücklichen, und die, die Angst vor dir haben. Die im Sonnenschein gehen, verliebt oder satt oder zufrieden – oder die es nachts mit der Angst kriegen, die sagen: Lieber Gott! Lieber Gott! Aber ich sage nicht Lieber Gott, du, ich kenne keinen, der ein lieber Gott ist, du!
GOTT: Mein Kind, mein armes –

BECKMANN: Wann bist du eigentlich lieb, lieber Gott? Warst du lieb, als du meinen Jungen, der gerade ein Jahr alt war, als du meinen kleinen Jungen von einer brüllenden Bombe zerreißen ließt? Warst du da lieb, als du ihn ermorden ließt, lieber Gott, ja?

GOTT: Ich hab ihn nicht ermorden lassen.

BECKMANN: Nein, richtig. Du hast es nur zugelassen. Du hast nicht hingehört, als er schrie und als die Bomben brüllten. Wo warst du da eigentlich, als die Bomben brüllten, lieber Gott? Oder warst du lieb, als von meinem Spähtrupp elf Mann fehlten? Elf Mann zu wenig, lieber Gott, und du warst gar nicht da, lieber Gott. Die elf Mann haben gewiss laut geschrieen in dem einsamen Wald, aber du warst nicht da, einfach nicht da, lieber Gott. Warst du in Stalingrad lieb, lieber Gott, warst du da lieb, wie? Ja? Wann warst du denn eigentlich lieb, Gott, wann? Wann hast du dich jemals um uns gekümmert, Gott?

GOTT: Keiner glaubt mehr an mich. Du nicht, keiner. Ich bin der Gott, an den keiner mehr glaubt. Und um den sich keiner mehr kümmert. Ihr kümmert euch nicht um mich.

BECKMANN: Hat auch Gott Theologie studiert? Wer kümmert sich um wen? Ach, du bist alt, Gott, du bist unmodern, du kommst mit unsern langen Listen von Toten und Ängsten nicht mehr mit. Wir kennen dich nicht mehr so recht, du bist ein Märchenbuchliebergott. Heute brauchen wir einen neuen. Weißt du einen für unsere Angst und Not. Einen ganz neuen. Oh, wir haben dich gesucht, Gott, in jeder Ruine, in jedem Granattrichter, in jeder Nacht. Wir haben dich gerufen, Gott! Wir haben nach dir gebrüllt, geweint, geflucht! Wo warst du da, lieber Gott? Wo bist du heute Abend? Hast du dich von uns gewandt. Hast du dich ganz in deine schönen alten Kirchen eingemauert, Gott? Hörst du unser Geschrei nicht durch die zerklirrten Fenster, Gott? Wo bist du?

GOTT: Meine Kinder haben sich von mir gewandt, nicht ich von ihnen. Ihr von mir, ihr von mir. Ich bin der Gott, an den keiner mehr glaubt. Ihr habt euch von mir gewandt.

BECKMANN: Geh weg, alter Mann. Du verdirbst mir meinen Tod. Geh weg, ich sehe, du bist nur ein weinerlicher Theologe. Du drehst die Sätze um: Wer kümmert sich um wen? Wer hat sich von wem gewandt? Ihr von mir? Wir von dir? Du bist tot, Gott. Sei lebendig, sei mit uns lebendig, nachts, wenn es kalt ist, einsam und wenn der Magen knurrt in der Stille – dann sei mit uns lebendig, Gott. Ach, geh weg, du bist ein tintenblütiger Theologe, geh weg, du bist weinerlich, alter alter Mann!

GOTT: Mein Junge, mein armer Junge! Ich kann es nicht ändern! Ich kann es doch nicht ändern!

BECKMANN: Ja, das ist es, Gott. Du kannst es nicht ändern. Wir fürchten dich nicht mehr. Wir lieben nicht mehr. Und du bist unmodern. Die Theologen haben dich alt werden lassen. Deine Hosen sind zerfranst, deine Sohlen durchlöchert, und deine Stimme ist leise geworden – zu leise für den Donner unser Zeit. Wir können dich nicht mehr hören.

GOTT: Nein, keiner hört mich, keiner mehr. Ihr seid zu laut!

BECKMANN: Oder bist du zu leise, Gott? Hast du zuviel Tinte im Blut, Gott, zuviel dünne Theologentinte? Geh, alter Mann, wir haben dich in den Kirchen eingemauert, wir hören einander nicht mehr. Geh, aber sieh zu, dass du vor Anbruch der restlosen Finsternis irgendwo ein Loch oder einen neuen Anzug findest oder einen dunklen Wald, sonst schieben sie dir nachher alles in die Schuhe, wenn es schief gegangen ist. Und fall nicht im Dunkeln, alter Mann, der Weg ist sehr abschüssig und liegt voller Gerippe. Halt dir die Nase zu, Gott. Und dann schlaf auch gut, alter Mann, schlaf weiter so gut. Gute Nacht!

GOTT: Einen neuen Anzug oder einen dunklen Wald? Meine armen, armen Kinder! Mein lieber Junge –

BECKMANN: Ja, geh, gute Nacht!

GOTT: Meine armen, armen – (er geht ab.)

(Wolfgang Borchert. »Draußen vor der Tür«,
aus: Wolfgang Borchert, Gesammelte Werke
© 1949 by Rowohlt Verlag GmbH, Hamburg)

STATION: MEINE ÄNGSTE

Schau dir das Bild in Ruhe an:
Die Farben,
die Formen,
das Helle,
das Dunkle,
...

Lass das,
was du siehst,
eine Weile
auf dich wirken
und hänge deinen
Gedanken nach!

Der Maler Edvard Munch hat dieses Bild
»Der Schrei« genannt.

Denke dich selber in das Bild hinein:
Kennst du Situationen,
in denen du am Abgrund stehst,
in denen du nur noch Schreien könntest,
in denen du völlig verzweifelt bist?

Nimm eine der bereitliegenden Sprechblasen
und schreibe hinein,
was du in die Welt schreien möchtest!

Klebe diese Sprechblase dann
auf die Wand neben dem Bild!

Die Sprechblase bitte auf DIN A4 vergrößern und ausschneiden!

STATION: ZUSPRUCH

Vor dir liegen viele verschiedene Bibeltexte.
Schau sie dir an!
Welcher Text spricht dich jetzt an?
Welcher Text sagt dir etwas?
(Oder fällt dir noch ein anderer Bibeltext ein,
dann schreibe ihn auf!)

Nimm den Zettel mit deinem Text mit
und gehe durch das Mittelschiff
auf das Kreuz über dem Altar zu.

Geh langsam,
schau das Kreuz an
und gehe in Gedanken
noch einmal die Stationen ab,
die du gerade gegangen bist!
Setze dich dann in den Kreis
im Altarraum!

Bibelstellen für die Station »Zuspruch«

✂ --

Er sagte zu ihnen: Warum habt ihr solche Angst, ihr Kleingläubigen? Dann stand er auf, drohte den Winden und dem See, und es trat völlige Stille ein. Mt 8,26

✂ --

Als er aber sah, wie heftig der Wind war, bekam er Angst und begann unterzugehen. Er schrie: Herr, rette mich! Mt 14,30

✂ --

Da trat Jesus zu ihnen, fasste sie an und sagte: Steht auf, habt keine Angst! Mt 17,7

✂ --

Er sagte zu ihnen: Warum habt ihr solche Angst? Habt ihr noch keinen Glauben? Mk 4,40

✂ --

Alle wurden von Furcht ergriffen; sie priesen Gott und sagten: Ein großer Prophet ist unter uns aufgetreten: Gott hat sich seines Volkes angenommen. Lk 7,16

✂ --

Am Abend dieses ersten Tages der Woche, als die Jünger aus Furcht vor den Juden die Türen verschlossen hatten, kam Jesus, trat in ihre Mitte und sagte zu ihnen: Friede sei mit euch! Joh 20,19

✂ --

Der Herr sprach: Ich habe das Elend meines Volkes in Ägypten gesehen, und ihre laute Klage über ihre Antreiber habe ich gehört. Ich kenne ihr Leid. Ex 3,7

Herr, warum bleibst du so fern, verbirgst dich in Zeiten der Not? Ps 10,1

Sei mir nicht fern, denn die Not ist nahe, und niemand ist da, der hilft. Ps 22,12

Die mit Tränen säen, werden mit Jubel ernten. Ps 126,5

Unsre Seele hofft auf den Herrn; er ist für uns Schild und Hilfe. Ja, an ihm freut sich unser Herz, wir vertrauen auf seinen heiligen Namen. Ps 33,20

Er begann mit ihnen zu reden und sagte: Habt Vertrauen, ich bin es; fürchtet euch nicht! Mk 6,50

Ich aber schaue aus nach dem Herrn, ich warte voll Vertrauen auf Gott, meinen Retter. Mein Gott wird mich erhören. Micha 7,7

Ich gieße meinen Geist über deine Nachkommen aus
und meinen Segen über deine Kinder. Jes 44,3

Die Israeliten aber schrieen zum Herrn, ihrem Gott. Sie hatten allen Mut verloren, da sie ringsum von ihren Feinden eingeschlossen waren und es kein Entrinnen mehr gab. Jdt 7,19

Hoffe auf den Herrn, und sei stark! Hab festen Mut, und hoffe auf den Herrn! Ps 27,14

Hab nur Mut, steh auf, er ruft dich. Mk 10,49

Dies habe ich zu euch gesagt, damit ihr in mir Frieden habt. In der Welt seid ihr in Bedrängnis; aber habt Mut: Ich habe die Welt besiegt. Joh 16,33

Du zeigst mir den Pfad zum Leben. Vor deinem Angesicht herrscht Freude in Fülle, zu deiner Rechten Wonne für alle Zeit. Ps 16,11

Jesus Christus

Mitten unter uns

Eine Atempause

Vorbemerkung
Als Material wird benötigt:
- Kreuz
- Teelichter
- Korb

Lied: Wenn der Himmel in unsre Nacht fällt, Troubadour 788.

Begrüßung
Ich begrüße euch zum heutigen Gottesdienst. Wir feiern ihn wie immer, wenn wir hier zusammen kommen, im Namen des Vaters und des Sohnes und des Heiligen Geistes. Schon das Kreuzzeichen zu Beginn des Gottesdienstes erinnert daran: Unser Gott ist vielseitig. Deshalb verehren wir ihn in drei Personen: Als Vater, Sohn und Geist. Heute werden wir unser Augenmerk vor allem auf die Person Jesu Christi legen.

Seit 2000 Jahren fragen sich die Menschen: Wer ist dieser Jesus? Die Bücher, die darauf eine Antwort suchen, würden mehrere Bibliotheken füllen. Allein im deutschsprachigen Bereich des Internets finden sich über 150000 Seiten über Jesus Christus. Die vielen Gedanken, die über Jesus Christus publiziert werden, deuten es schon an: Anscheinend entzieht sich die Person Jesu einer endgültigen Definition oder Beschreibung.

Heute wollen wir uns dieser faszinierend vielseitigen Person Jesu nähern. Und miteinander überlegen, wo wir ihn in unserem Leben finden können.

Lied: Eines Tages kam einer, Troubadour 57.

Gebet
Guter Gott, so stark wurde deine Liebe, dass dich nichts mehr im Himmel festhielt. Du wurdest Mensch und lebtest unter uns. Doch wir wollten dich nicht und haben dich ans Kreuz genagelt. Bis heute bohren sich unsere Nägel in dein Fleisch. Doch so stark ist deine Liebe, dass selbst unsere

Nägel dich nicht davon abhalten, uns ganz nah zu sein. Dafür danken wir dir durch Christus, unseren Herrn. Amen.

Erster Impuls
Er heißt Jesus Christus und leidet Hunger.
Er schreit durch den Mund der Hungernden.
Und die Menschen gehen vorüber, wenn sie ihn sehen.
Sie eilen, um schnell zur Kirche zu kommen.
Er heißt Jesus Christus und ist ohne Wohnung.
Am Straßenrand schläft er.
Und die Menschen gehen schneller, wenn sie ihn sehen,
und sagen, er sei ein betrunkener Penner.

Er heißt Jesus Christus und ist Analphabet.
Er lebt ohne Arbeit und bettelt.
Und die Menschen sagen, wenn sie ihn sehen: »Der taugt nichts.«
Er sollte besser arbeiten als betteln ...
Er heißt Jesus Christus und ist verbannt worden aus der Gesellschaft
und aus den Kirchen.
Sie stellen ihn sich als König vor,
während er doch mit den Armen zusammenlebte.

Er heißt Jesus Christus und ist krank.
Er lebt hinter den Gittern der Gefängnisse,
und wir besuchen ihn kaum.
Wir wissen, dass er an den Rand gedrängt lebt.
Er heißt Jesus Christus, und ihn dürstet
nach einer Welt mit Liebe und Gerechtigkeit.
Obwohl er sich zum Frieden bemüht,
zwingt ihn die öffentliche Unordnung zum Krieg.

Er heißt Jesus Christus und wird abgelehnt.
Er lebt unter schmutzigen Huren.
Viele vertreiben ihn aus der Stadt,
weil sie Angst haben, ihm die Hand zu geben.
Sein Name ist Jesus Christus, und er ist ganz und gar Mensch,
der in dieser Welt lebt oder leben möchte.

Denn er erkennt keine Hindernisse mehr an.
Aus uns allen will er Schwestern und Brüder machen.
(aus Brasilien)

Lied: Was ihr dem geringsten Menschen tut, GL 619.

Lesung Mt 25,31–46: Vom Weltgericht.

Aktion

Im Altarraum liegt ein großes Kreuz. Daneben liegen in einem Korb Teelichter. Der Gottesdienstleiter lädt zur folgenden Aktion ein: Jesus ist für uns noch längst nicht gestorben. Wir können ihn auch in unserem Alltag entdecken. Ich lade euch ein, mit mir darüber nachzudenken, wer heute geschlagen, verhöhnt und gekreuzigt wird. Nach einer kurzen Stille bitte ich euch, nacheinander an das Kreuz zu treten und zu sagen, in wem ihr Jesus heute noch erkennt. Dabei könnt ihr ein Teelicht anzünden und neben das Kreuz stellen.

Zweiter Impuls

Als wir eines Tages von der Arbeit heimkamen, sahen wir auf dem Appellplatz drei Galgen. Antreten. Ringsum die SS mit drohenden Maschinenpistolen, die übliche Zeremonie. Drei gefesselte Todeskandidaten, darunter der kleine Pipel, der Engel mit den traurigen Augen.

Die SS schien besorgter, beunruhigter als gewöhnlich. Ein Kind vor Tausenden von Zuschauern zu hängen, war keine Kleinigkeit. Der Lagerchef verlas das Urteil. Alle Augen waren auf das Kind gerichtet. Es war aschfahl, aber fast ruhig und biss sich auf die Lippen. Der Schatten des Galgens bedeckte es ganz.

Diesmal weigerte sich der Lagerkapo, als Henker zu dienen. Drei SS-Männer traten an seine Stelle.

Die Verurteilten stiegen zusammen auf ihre Stühle. Drei Hälse wurden zu gleicher Zeit in die Schlingen eingeführt. »Es lebe die Freiheit!« riefen die beiden Erwachsenen. Das Kind schwieg.

»Wo ist Gott, wo ist er?« fragte jemand hinter mir.

Auf ein Zeichen des Lagerchefs kippten die Stühle um.

Absolutes Schweigen herrschte im ganzen Lager. Am Horizont ging die Sonne unter.

»Mützen ab!« brüllte der Lagerchef. Seine Stimme klang heiser. Wir weinten.

»Mützen auf!«

Dann begann der Vorbeimarsch. Die beiden Erwachsenen lebten nicht mehr. Ihre geschwollenen Zungen hingen bläulich heraus. Aber der dritte Strick hing nicht reglos: der leichte Knabe lebte noch ... Mehr als eine halbe Stunde hing er so und kämpfte vor unseren Augen zwischen Leben und Tod seinen Todeskampf. Und wir mussten ihm ins Gesicht sehen. Er lebte noch, als ich an ihm vorüberschritt. Seine Zunge war noch rot, seine Augen noch nicht erloschen. Hinter mir hörte ich denselben Mann fragen: »Wo ist Gott?« Und ich hörte eine Stimme in mir antworten: »Wo er ist? Dort – dort hängt er, am Galgen ...«

(aus: Elie Wiesel, Die Nacht zu begraben, Elischa
© 1962 by Bechtle Verlag, Esslingen / München
für die deutsche Übersetzung von Curt Meyer-Clason)

Stille

Lied: Ihr Mächtigen, Troubadour 932.

Fürbitten

Guter Gott, für viele ist Jesus längst gestorben. Doch er lebt auch heute noch mitten unter uns: Überall dort, wo Mensche verachtet und gequält werden. Für sie möchten wir bitten:

Wir erkennen Christus in den Kriegsopfern. Deshalb bitten wir für alle Menschen, denen der Krieg ein friedliches Leben verwehrt. Menschen im Sudan, in der Demokratischen Republik Kongo, in Sri Lanka und anderen Ländern, in denen schon jahrelang der Krieg wütet. Ihnen wurde die Angst vor Gewalt zum täglichen Begleiter, und viele trauern um ihre Eltern, Ehepartner oder Kinder, die im Krieg ihr Leben verloren haben.
Wir bitten dich, erhöre uns.

Wir erkennen Christus in den Aids-Erkrankten. Deshalb bitten wir für alle Menschen, über deren Leben sich der dunkle Schatten von Aids gelegt hat. Ein Drittel der Bevölkerung im südlichen Afrika ist inzwischen infiziert: Männer, Frauen, Kinder und selbst viele Ungeborenen. Und auch

bei uns leiden viele an den Folgen der tückischen Infektion. Sie erwartet ein langsames Sterben.
Wir bitten dich, erhöre uns.

Wir erkennen Christus in den Obdachlosen. Deshalb bitte wir für alle Menschen, die nirgendwo eine Heimat haben. Schutzlos und ohne Geborgenheit leben sie auf unseren Straßen.
Wir bitten dich, erhöre uns.

Wir erkennen Christus in allen Menschen, die sich einsam und ungeliebt fühlen. Deshalb bitten wir für alle Menschen, bei denen sich die Einsamkeit wie ein dunkler Schleier über das Leben zieht. Und wir bitten für sie, die in ihrem Leben nicht vom Gefühl getragen werden, dass sie anderen Menschen wichtig sind.
Wir bitten dich, erhöre uns.

Wir erkennen Christus in allen Menschen, die im Leben bitter enttäuscht wurden. Deshalb bitten wir für die Verlassenen, die Arbeitslosen, die Drogenabhängigen. Für alle Menschen, denen das Leben viel schuldig bleibt.
Wir bitten dich, erhöre uns.

Guter Gott, bei dir wissen wir uns in guten Händen. Deshalb vertrauen wir dir unsere Bitten an durch Christus, unseren Herrn. Amen.

Vaterunser

Segen
In unserem Alltag wollen wir Jesus Christus erkennen.
In den Armen, Unterdrückten und Leidenden.
In den Menschen, die nicht im Rampenlicht stehen,
sondern deren Leben von Dunkelheit umgeben ist.
Dazu segne uns unser guter Gott,
der Vater, Sohn und Heilige Geist. Amen.

Lied: Zeige uns den Weg, Unterwegs 84.

Jesus – wer ist das?

Eine Frühschicht

Vorbemerkungen
Es ist immer besser, einen Gottesdienst mit einer Gruppe selber zu erarbeiten und vorzubereiten. Bei diesem Gottesdienst könnte die Vorbereitungsgruppe zum Beispiel überlegen, ob ihr alternative Bibelstellen einfallen, die passend erscheinen. Die Grundidee des Jesuspuzzles kann dabei durchaus beibehalten werden.

Folgende Materialien werden für die Durchführung dieses Gottesdienstes gebraucht:

- Zettel und Stifte (Auf dem Zettel steht der Satzanfang »Wenn ich an Jesus denke, dann fasziniert mich ...« Siehe Kopiervorlage.).
- Auf ein großes Stück Papier / Tapete (ca. 120 x 80 cm) wird eine Jesusfigur gemalt, die in sieben Puzzleteile zerschnitten wird. Bei dem Jesus-Bild kommt es nicht darauf an, dass ein Kunstwerk entsteht. Wichtig ist, dass Jesus als solcher zu erkennen ist.
- Der Song »Jesus« (auf der CD »Menschen-Leben-Träume«).
- Der Text des Songs »Jesus« von Marius Müller-Westernhagen (u.a. in: Menschen-Leben-Träume. Der Firmkurs. Texte, Lieder, Bilder für junge Menschen, Freiburg 2001, S. 53).

Lied zur Eröffnung: Vom Aufgang der Sonne (Kanon), Unterwegs 203.

Gebet
Du, Gott der Liebe, wir haben uns hier versammelt, um miteinander Gottesdienst zu feiern. Wir wollen uns einfinden in deiner Gegenwart. Du bist der Gott, der Menschen immer wieder nahe sein will. Du bist der Gott, der will, das wir zu gelingendem Leben finden. Sei du uns auch jetzt nahe. Lass uns deine Gegenwart spüren. Darum bitten wir durch Christus, unseren Bruder und Herrn. Amen.

Einführung in den Gottesdienst
Kaum ein Mensch hat unseren Kulturkreis so sehr geprägt wie Jesus Christus. Egal wie man zu ihm steht, an einer Auseinandersetzung mit ihm

kommt man kaum vorbei. Bis in unsere Zeit setzen sich immer wieder Dichter und Autoren, aber auch darstellende Künstler und Musiker mit Jesus Christus auseinander. In diesem Gottesdienst wollen wir der Frage nachgehen, welche Bedeutung dieser Jesus für uns Christen besitzt. Mit einem Lied von Marius Müller-Westernhagen wollen wir in das Thema einsteigen. Damit wir den Text besser verfolgen können, haben wir ihn für jeden kopiert.

Lied:
Die Texte werden an alle Anwesenden verteilt. Dann wird der Song »Jesus« von der CD »Menschen-Leben-Träume« eingespielt.

Sprechspiel

Sprecher 1: Jesus – wer bist du?

Sprecher 2: Manche sagen: Jesus sei ein Spinner. Sich ein Leben lang nur für andere einsetzen, das ist doch verrückt. Was hat es ihm am Ende gebracht? Nichts!

Sprecher 1: Jesus – wer bist du?

Sprecher 3 Andere sagen: Jesus begeistert mich ungemein. Ich nehme mir ihn immer wieder zum Vorbild. Wie er anderen Menschen begegnet ist, wie er Menschen aufgerichtet hat, das war schon toll.

Sprecher 1: Jesus – wer bist du?

Sprecher 4 Manche sagen: Jesus ist mir ziemlich egal. Was soll ich mit dem anfangen? Immerhin ist er jetzt schon fast 2000 Jahre tot!

Sprecher 1: Jesus – wer bist du?

Sprecher 5: Andere meinen: Dieser Jesus ist ungemein lebendig. Bis zum heutigen Tag sind Menschen von ihm begeistert. Die Sache, die mit ihm damals so klein begann, sie geht heute noch weiter.

Sprecher 1: Jesus – wer bist du?

Sprecher 6: Wieder andere sehen in Jesus einen Revolutionär, der die Welt verändern wollte, in dem er den Herrschenden gehörig auf die Pelle rückte.

Sprecher 7: Jesus – wer bist du?

Kurze Stille

Evangelien mit Puzzleaktion

Es ist wie bei einem Puzzle. Die Person Jesu setzt sich aus vielen Teilen zusammen. Einige Facetten der Person Jesu werden uns nun mit Texten aus dem Neuen Testament nahegebracht.

Nach und nach legt jeweils ein Jugendlicher ein Puzzleteil von einem Jesusbild in die Mitte, so dass Jesus als Figur erkennbar wird. Dazu liest er jeweils einen der folgenden Texte vor. Das Puzzle ist so konstruiert, dass eine Stelle in dem Puzzle frei bleibt. Es bleibt ein »blinder Fleck. Sind viele Jugendliche anwesend, so dass die Gruppe nicht im Kreis sitzen kann, dann können die Puzzleteile auch an einer Wand aufgeklebt werden, damit das Puzzle von allen gut gesehen werden kann.

Sprecher 1 (mit einem Puzzleteil):
Im Matthäus-Evangelium lesen wir: »Jesus begann zu verkünden: Kehrt um! Denn das Himmelreich ist nahe.« (Mt 4,17). »Wenn ich aber die Dämonen durch den Geist Gottes austreibe, dann ist das Reich Gottes schon zu euch gekommen.« (Mt 12,28)
Jesus war jemand, der daran glaubte, dass das Reich Gottes auf der Erde eine Wirklichkeit ist, die immer wieder neu erlebt und gelebt werden will.

Das Puzzleteil wird in die Mitte gelegt.

Sprecher 2 (mit einem Puzzleteil):
Im Johannes-Evangelium heißt es: »Jesus aber sagte zu ihnen: Amen, amen, ich sage euch: Der Sohn kann nichts von sich aus tun, sondern nur, wenn er den Vater etwas tun sieht. Was nämlich der Vater tut, das tut in gleicher Weise der Sohn.« (Joh 5,19)
An dem Menschen Jesus von Nazareth ist abzulesen, wie Gott ist. Mit seinen Worten und Taten macht Jesus Gott auf der Erde erlebbar. Dies meint unser Glaubensbekenntnis, wenn es sagt, Jesus ist Gottes Sohn.

Das Puzzleteil wird in die Mitte gelegt.

Sprecher 3 (mit einem Puzzleteil):
In der Bergpredigt spricht Jesus: »Selig, die Frieden stiften;

denn sie werden Söhne Gottes genannt werden. Selig, die um der Gerechtigkeit willen verfolgt werden; denn ihnen gehört das Himmelreich.« (Mt 5,9)

Jesus hatte einen Traum von einer neuen Erde und einem neuen Himmel. Er glaubte daran, dass es möglich ist, dass Menschen in Gerechtigkeit und Frieden miteinander leben. Diese Friedfertigkeit hat er sein Leben lang gelebt.

Das Puzzleteil wird in die Mitte gelegt.

Sprecher 4 (mit einem Puzzleteil):
Bei Lukas ist zu lesen: »Der Geist des Herrn ruht auf mir; denn der Herr hat mich gesalbt. Er hat mich gesandt, damit ich den Armen eine gute Nachricht bringe; damit ich den Gefangenen die Entlassung verkünde und den Blinden das Augenlicht; damit ich die Zerschlagenen in Freiheit setze.« (Lk 4,18)

Jesu besondere Zuwendung galt den Armen und Ausgegrenzten seiner Zeit. Immer wieder erzählen die Evangelien davon, wie er Kranke heilt und mit Ausgegrenzten in Kontakt tritt.

Das Puzzleteil wird in die Mitte gelegt.

Sprecher 5 (mit einem Puzzleteil):
Auf die Frage, welches Gebot das wichtigste sei, antwortet Jesus im Matthäus-Evangelium »Du sollst den Herrn, deinen Gott, lieben mit ganzem Herzen, mit ganzer Seele und mit all deinen Gedanken. Das ist das wichtigste und erste Gebot. Ebenso wichtig ist das zweite: Du sollst deinen Nächsten lieben wie dich selbst.« (Mt 22,37)

Gottes- und Nächstenliebe sind für Jesus untrennbar miteinander verbunden. Der Glaube an Gott bewährt sich für Jesus in der Liebe zu den Mitmenschen.

Das Puzzleteil wird in die Mitte gelegt.

Sprecher 6 (mit einem Puzzleteil):
Im Römerbrief heißt es: »Denn vor allem habe ich euch überliefert, was auch ich empfangen habe: Christus (…) ist

am dritten Tag auferweckt worden, gemäß der Schrift, und erschien dem Kephas, dann den Zwölf. Danach erschien er mehr als fünfhundert Brüdern zugleich; die meisten von ihnen sind noch am Leben, einige sind entschlafen. Danach erschien er dem Jakobus, dann allen Aposteln.« (Röm 15,3–7)

Das, was mit Jesus damals begonnen hat, und was mit seinem Tod scheinbar endete, geht auch heute noch weiter. Immer noch lassen sich Menschen vom Geist dieses Mannes aus Nazareth anstecken. Auch heute noch bezeugen Menschen, dass Jesus Christus lebt, dass sie ihm begegnet sind.

Das Puzzleteil wird in die Mitte gelegt.

In der Mitte liegt nun das Puzzle. Nur ein Teil fehlt in diesem Puzzle noch.

Aus den vielen Puzzlesteinen ist ein Bild von Jesus entstanden – jedenfalls fast. Ein Puzzleteil fehlt noch. Doch wir haben es bewusst weggelassen, weil wir glauben, dass es nicht das Bild von Jesus gibt. Wir werden immer nur Facetten von Jesus erkennen können.

Und doch wollen wir euch einladen in den nächsten Minuten zu überlegen, was euch in den letzten Wochen an der Person Jesu wichtig geworden ist. Wir teilen dazu an jeden einen Zettel und einen Stift aus, so dass ihr eure Gedanken aufschreiben könnt.

Stille

Es kann nun ruhige Musik von Kassette / CD eingespielt werden. Dabei beschreiben die Jugendlichen ihre Zettel.

Vorlesen der Zettel

Ist die Gruppe zu groß, werden alle Zettel eingesammelt, und lediglich eine Auswahl wird vorgelesen. Alle Zettel werden um das Jesuspuzzle gelegt.

Ich möchte euch nun einladen, dass wir uns mitteilen, was wir auf unsere Zettel geschrieben haben. Die vorgelesenen Zettel legen wir um das Jesuspuzzle in der Mitte. Wer seinen Zettel nicht vorlesen mag, möge ihn schweigend in die Mitte legen.

Die Jugendlichen legen nun ihre Zettel in die Mitte.

Lied: Eines Tages kam einer, der hatte einen Zauber, Wellenbrecher 133 oder:
Jesus, der Menschensohn, Wellenbrecher 38.

Vaterunser

Lasst uns nun das Gebet sprechen, das ganz viel von dem beinhaltet, was Jesus in seinem Leben wichtig war. Es verbindet uns mit vielen Menschen auf der ganzen Welt, die dieses Gebet immer wieder sprechen. Als Zeichen unserer Verbundenheit lasst uns die Hände reichen, wenn wir so beten wie Jesus es uns gelehrt hat: Vater unser ...

Segen

Von deiner Art zu leben, lass uns immer wieder lernen;
von deinem Mut, dich auf andere Menschen einzulassen;
von deiner Kraft, in jeder Lebenssituation auf Gott zu vertrauen;
zu einem Leben in deiner Nachfolge segne uns der allgütige Gott, der Vater, der Sohn und der Heilige Geist. Amen.

Hier kann noch die Einladung zum Frühstück erfolgen.

Lied: Wenn wir das Leben teilen, Unterwegs 47 oder:
Lass uns in deinem Namen Herr, Unterwegs 56.

KOPIERVORLAGE

Wenn ich an Jesus denke, dann fasziniert mich …

Steh auf

Ein Gemeindegottesdienst

Vorbemerkungen

Zur Vorbereitung des Gottesdienstes müssen einige Jugendliche das Anspiel einüben. Wo es Jugendliche gibt, die sich zutrauen, eigene Gedanken zu einem Bibeltext zu verfassen, kann die Katechese auch von Jugendlichen selber neu gestaltet werden.

Der Text des Evangeliums kann durch andere passende Texte ersetzt werden (z.B. Das Gleichnis vom verlorenen bzw. wiedergefundenen Sohn, Lk 15,11–32).

An Materialien wird zusätzlich benötigt:
- Evtl. Liedzettel
- Stifte
- Papier
- Evtl. meditative CD und CD-Player

Lied zum Einzug: Wo zwei oder drei, Troubadour 95.

Einleitung in den Gottesdienst

Ich begrüße heute vor allem die Jugendlichen, die sich auf die Firmung vorbereiten. Den Gottesdienst haben wir überschrieben mit einem Liedtitel von Marius Müller-Westernhagen »Steh auf«. Dieser Gottesdienst will uns Mut machen. Es gibt vieles, was Menschen niederdrücken und klein machen kann. Doch Gott will, dass wir aufrechte Menschen sind. Gott will uns als freie, glückliche Menschen, die gegen Unrecht und Unterdrückung aufstehen.

Lasst uns zu Beginn dieses Gottesdienstes zunächst einen Moment still werden. Lasst uns mit unseren Gedanken hier in diesem Gotteshaus ankommen. Lasst uns ruhig werden, um mit ganzem Herzen diesen Gottesdienst feiern zu können.

Kurze Stille

Lied zum Kyrie: Herr, erbarme dich unserer Zeit, Unterwegs 150.

Glorialied: Gloria, Ehre sei Gott, Troubadour 132.

Tagesgebet
Herr, guter Gott, wir haben uns heute versammelt, um miteinander Gottesdienst zu feiern. In unserem Alltag ersehnen, erwarten wir dich. Aber immer wieder erfahren wir auch deine Nähe. Wir vertrauen darauf, dass du es gut mit uns meinst. Deshalb bitten wir dich: Lass uns spüren, dass du jetzt mitten unter uns bist. Lass uns mit offenen Herzen und Ohren, auf dein Wort hören. Lass uns in den Zeichen von Brot und Wein deine Gegenwart unter uns erkennen. Darum bitten wir dich durch Christus, unseren Bruder und Herrn. Amen.

Anspiel Teil 1
In der Mitte des Altarraumes steht ein Mitspieler X. An ihm gehen die anderen Mitspieler vorbei, die jeweils die folgenden »klein-machenden« Botschaften rezitieren. Der Mitspieler X wird dabei immer kleiner, bis er schließlich wie tot auf dem Boden liegt.

Sprecher 1:	Mein Gott, wie siehst du denn aus!?
Sprecher 2:	Nein, nein, lass mich das mal machen, du kannst das ja eh nicht!
Sprecher 3:	Du hast hier gar nichts zu sagen!
Sprecher 4:	Das interessiert mich nicht, was du denkst.
Sprecher 5:	Du erzählst ja sowieso nur Schwachsinn!
Sprecher 6:	Was willst du hier überhaupt? Wir brauchen dich nicht!
Sprecher 7:	Ich an deiner Stelle würde mir einen Strick nehmen!

Aktion
Da ist einer ganz alleine. Da wird einer fertig gemacht. Da liegt einer am Boden. Wir möchten sie einladen, in den kommenden Minuten über folgende Fragen nachzudenken: Was macht mich fertig? Was macht mich klein? Was geht mir nach dieser kurzen Szene durch den Kopf?

Bitte schreiben sie ihre Gedanken, wenn sie möchten, auf die Zettel, die in den Bänken liegen. Einige dieser Zettel sollen später zu den Fürbitten vorgelesen werden.

Die Gottesdienstteilnehmer beschreiben ihre Zettel. Dazu wird meditative Musik eingespielt (am besten live, sonst vom CD-Player). Die Texte werden mit Kollektenkörbchen eingesammelt.

Anspiel Teil 2
Verschiedene Sprecher sprechen die folgenden Sätze jeweils mit einer kurzen Pause von den Bänken. Der Mitspieler, der auf dem Boden liegt, wird wieder größer, bis er schließlich wieder steht.

Sprecher 1:	Hey, steh auf, du wirst gebraucht!
Sprecher 2:	Steh auf, Mensch, ich mag dich doch!
Sprecher 3:	Hörst du, steh auf, ohne dich ist es langweilig!
Sprecher 4:	Steh auf. Du bist wichtig!
Sprecher 5:	Steh auf und sag deine Meinung!
Sprecher 6.	Steh auf, Mensch, du bist einfach einmalig!

Lied: Steh auf, KJG Songbook 5 (erschienen bei: Voggenreiter; Bonn 1998).

Evangelium Lk 7,11–17: Die Auferweckung eines jungen Mannes in Naïn.

Katechese
Die folgenden Gedanken können als Anregung für eine Katechese dienen:
◆ Auf den ersten Blick scheint es so, als hätte uns der Bibeltext heute nichts mehr zu sagen. Ein Toter wird wieder lebendig. Das widerspricht unserer Erfahrung. Das kann es nicht geben.

◆ Bekannt ist uns aber die Erfahrung, dass es Menschen gibt, die mitten im Leben schon tot sind. Zwar atmen solche Menschen und sind in einem biologischen Sinn Lebende. Aber es fehlt ihnen die Lebendigkeit. Sie wirken kraftlos, mutlos, still – eben fast wie tot. Manchmal ist es so, dass Menschen einfach so sind. Manchmal sind es aber auch äußere Umstände wie Krankheit, Unfälle oder schwere Schicksalsschläge, die Menschen niedergeschlagen sein lassen.

◆ Manchmal geschieht es, dass solche Menschen wieder zum Leben, zum wirklichen Leben zurückfinden, dass sie ihre Lebendigkeit, ihre Lust am Dasein wiedererlangen. Oft geschieht dies durch andere Menschen, die sich ihnen zuwenden. Manchmal aber auch einfach so, ohne Erklärung. Und meistens können diese Menschen hinterher gar nicht genau sagen, wie sie aus ihrer misslichen Lage herausgekommen sind. Es ist einfach geschehen.

◆ Schauen wir jetzt noch einmal auf den Bibeltext. Da begegnet Jesus einer Trauergemeinde. Ein junger Mann ist gestorben. Und aus Mitleid mit der Mutter spricht Jesus den jungen Mann an. Ja, er befiehlt ihm: »Steh auf!« und tatsächlich, er wird lebendig.

◆ Beim Lesen des Textes kam mir der Gedanke, auch heute noch müsste es Menschen wie Jesus geben:

✔ Menschen die dem Schüler sagen: Es ist doch egal, welche Marke auf deinem T-Shirt steht und ob deine Schuhe der letzte Schrei sind. Du bist auch so okay. Komm, steh auf!

✔ Menschen, die dem jungen Mädchen sagen: Du musst keine Maße wie Claudia Schiffer haben, und wenn an der ein oder anderen Stelle deines Körpers irgendetwas auffälliges ist, dann darf das so sein. Komm, steh auf!

✔ Menschen, die dem Junkie sagen: Mit deiner Sucht kannst du deine Sehnsucht nicht stillen. Komm, steh auf!

✔ Jesus hat immer wieder Menschen ermutigt, aufzustehen, neu anzufangen! Er hat ihnen etwas zugetraut. Er konnte das tun in der Gewissheit, dass jeder Mensch von Gott geliebt wird. »Komm steh auf!« – Das heißt: Leb dein Leben in Fülle. Lass dich nicht klein, nicht fertig machen. »Komm steh auf!« Das sagt Jesus auch heute, jetzt, zu uns.

Lied: Manchmal feiern wir mitten im Tag, Unterwegs 30.

Fürbitten
Wir haben alle unsere je eigenen Erfahrungen, was uns hindert, wirklich zu leben. Einige der Zettel, die wir eben beschrieben haben, möchten wir vorlesen. Dazwischen singen wir den Liedruf: Was ich habe, was ich bin, trage ich, Gott, zu dir hin.
Nun werden von verschiedenen Sprechern einige Texte vorgelesen.

Dazwischen als Liedruf: Herr, in deine Hände lege ich, Troubadour 1050.

Gabenbereitung: Durch das Dunkel hindurch, Mein Liederbuch II B 224.

Sanctus: Sanctus (Kanon), Unterwegs 183.

Vaterunser
Jesus hat wie kein anderer eine ganz besondere Beziehung zu Gott gehabt. Er nannte ihn Abba, das heißt: Vater, Papa. Und für Jesus war klar, wir alle sind Töchter und Söhne Gottes. Keiner lebt für sich alleine. Einer ist für

den anderen da. Lasst uns nun die Hände reichen als Zeichen dafür, dass wir einander Stütze sein können und sollen. Lasst uns die Hände reichen und so miteinander beten, wie Jesus es uns vorgemacht hat: Vater unser ...

Lied zur Brotbrechung: Da berühren sich Himmel, Unterwegs 109.

Kommunion

Text nach der Kommunion
Es wird kommen der Tag,
da stehen wir auf und gehen los,
dem Kommen des Morgenrotes entgegen.
Es wird kommen der Tag,
da stehen wir auf und beginnen neu,
das Gestern hinter uns lassend.
Es wird kommen der Tag,
da stehen wir auf und finden Glück
Wiederfindend unsere Lebendigkeit.
Es wird kommen der Tag,
da stehen wir auf und erwachen zum Leben
den wartenden Tod überwindend.
Es wird kommen der Tag.
Es wird kommen.

Segen
Gott sei unser Halt,
wenn wir den Boden unter den Füßen verlieren.
Er sei die Hand, die uns aufhilft,
wenn wir niedergeschlagen sind.
Er sei das Wort, das uns Mut macht,
wenn wir nicht mehr weiterwissen.
Und so begleite uns der Gott,
der uns zu einem nicht endenden Leben in Fülle führen will:
Der Vater, der Sohn und der Heilige Geist. Amen.

Schlusslied: Kommt mit uns

T.: Frank Reintgen / M.: Bernward Hoffmann

1. Kommt mit uns, die ihr auf der Suche seid, kommt mit uns, die ihr auf der Strecke bleibt, kommt mit uns. Kommt mit uns.

Kanon

1. Kommt, sucht den Himmel auf Erden,
2. lasst uns Menschen werden.
3. Lasst Liebe auferstehn,
4. fangt mit uns an zu geh'n.

2. Kommt mit uns, die ihr in kein Schema passt,
   kommt mit uns, die von allen ihr gehasst,
   kommt mit uns …

3. Kommt mit uns, neue Wege zu begehn,
   kommt mit uns, neues Land uns anzusehn,
   kommt mit uns …

4. Kommt mit uns, neues Leben zu probier'n,
   kommt mit uns, neue Hoffnung aufzuspür'n,
   kommt mit uns …

Heiliger Geist

Wer nicht er selbst wird
Eine Atempause

Vorbemerkung

Als Material wird benötigt:
◆ CD-Player
◆ Meditative Musik
◆ Zettel in Form einer Flamme

Lied: Wenn der Himmel in unsre Nacht fällt, Troubadour 791.

Begrüßung

Herzlich begrüße ich euch zum heutige Gottesdienst. Ich freue mich, dass so viele gekommen sind. Einige von euch sind ganz gemächlich hier erschienen. Andere haben es gerade noch geschafft und sind in letzter Sekunde angekommen. Egal, ob wir nun in aller Ruhe oder Eile hier eingetroffen sind, für uns alle gilt: Die Zeit des Gottesdienstes ist eine geschenkte Zeit. Wir schalten unseren Alltag einmal aus, schalten einfach ab. Und dürfen uns einmal ganz in Ruhe auf unser oft so hektisches Leben besinnen.

Welcher Geist bewegt uns und unsere Welt? Dieser Frage wollen wir uns heute in unserem Gottesdienst stellen. Dabei werden wir versuchen, dem Heiligen Geist auf die Spur zu kommen. Jenem Geist, dessen Gegenwart wir im Sakrament der Firmung feiern werden.

Lied: Löscht den Geist nicht aus, Unterwegs 120.

Impuls

1. Sprecher: Hoffentlich ist dieser Gottesdienst bald zu Ende. Ich habe gar keine Zeit, über mein Leben nachzudenken …
2. Sprecher: Wer nicht er selbst wird, hat nicht gelebt.
3. Sprecher: Die Schule geht mir nicht aus dem Kopf. Ich muss einen guten Notendurchschnitt schaffen …
2. Sprecher: Wer nicht er selbst wird, hat nicht gelebt.

4. Sprecher: Meine Eltern haben keine Lust, mit mir zu diskutieren. Musst du immer anderer Meinung sein, werfen sie mir vor ...
1. Sprecher: Wer nicht er selbst wird, hat nicht gelebt.
5. Sprecher: Richtige Probleme habe ich nicht. Und wenn es mir mal mies geht, lasse ich mich voll laufen. Das hilft meistens ...
2. Sprecher: Wer nicht er selbst wird, hat nicht gelebt.
6. Sprecher: Manchmal ist es ganz schön schwer, von anderen akzeptiert zu werden. Bei all den Erwartungen, die ich erfüllen muss: tolle Klamotten tragen, cool sein ...
2. Sprecher: Wer nicht er selbst wird, hat nicht gelebt.
7. Sprecher: Was hat das alles nun mit Heiligkeit zu tun?

Kurze Stille

Gottesdienstleiter:
In Amerika lebte der bekannte Trappistenmönch Thomas Merton. Er schrieb einmal, als er Heiligkeit erklären sollte: »Heiligkeit bedeutet: Der zu werden, der zu werden du berufen und bestimmt bist. Wer nicht er selber wird, hat nicht gelebt.«

Stille
Während der Stille kann im Hintergrund eine meditative Musik gespielt werden.

Gebet
Guter Gott, dein Geist ist ein heilsamer Geist. Wenn er uns bewegt, kann unser Leben gelingen. Er befreit uns zu einem Leben, zu dem du uns berufen hast. Der Heilige Geist hilft uns, dass wir selber leben. Er reißt uns aus alten Gewohnheiten heraus und schenkt unserem Leben eine neue Perspektive. Dafür danken wir dir durch Christus, unseren Herrn. Amen.

Lied: Hilf, Herr meines Lebens, GL 622.

Lesung: Joël 3,1–5: Die Ausgießung des Geistes.

Aktion
Immer wieder haben Künstler in der Vergangenheit versucht, in ihren Bildern die Gegenwart des Heiligen Geistes darzustellen. Da der Heilige Geist aber unsichtbar ist, mussten sie auf ein Symbol zurückgreifen. Meist malten die Künstler Feuerzungen, um auf Gottes Geist hinzuweisen. Gleich werden Zettel in Form solch einer Feuerzunge ausgeteilt. Bitte schreibt auf die Feuerzungen, was euch in eurem Leben heil machen kann.

Nachdem die Jugendlichen die Zettel beschriftet haben, werden sie wieder eingesammelt. Einige von ihnen werden von einem Sprecher vorgelesen.

Nach jedem vorgelesenen Zettel wiederholt der Gottesdienstleiter das Zitat von Thomas Merton:

»Heiligkeit bedeutet: Der zu werden, der zu werden du berufen und bestimmt bist. Wer nicht er selber wird, hat nicht gelebt.«

Fürbitten
Guter Gott, du sendest uns deinen Heilige Geist. Von ihm dürfen wir uns bewegen lassen, damit unser Leben gelingt. Wir bitten dich:

Für alle Menschen, die deinen Geist gegen den Geist des Geldes ausgetauscht haben. Sie laufen ein Leben lang dem Geld nach und vergessen, die von dir geschenkte Lebenszeit zu genießen.
Wir bitten dich, erhöre uns.

Für alle Menschen, die deinen Geist gegen den Geist der Anerkennung ausgetauscht haben. Sie schielen stets danach, was andere von ihnen denken, anstatt selbst zu ihrem eigenen Leben zu finden.
Wir bitten dich, erhöre uns.

Für alle Menschen, die dem Ungeist Neid verfallen sind. Sie werden niemals zufrieden sein, weil sie sich stets mit den Menschen vergleichen, deren Leben nach außen hin reicher zu sein scheint.
Wir bitten dich, erhöre uns.

Für alle Menschen, deren Geist von tiefer Schwermut und Traurigkeit befallen ist. Sie fühlen sich kraftlos und leiden darunter, dass sich die Schwermut wie ein Schatten über ihr Leben legt.
Wir bitten dich, erhöre uns.

Für alle Menschen, die auf der Suche sind. Sie sehnen sich nach einer Orientierung, die ihr Leben heil werden lässt.
Wir bitten dich, erhöre uns.

Guter Gott, du ermutigst uns dazu, unser Leben in die Hand zu nehmen. Doch du lässt uns nicht allein. Dein Geist bewegt uns, damit wir für unser Leben eine Richtung finden, die uns gut tut. Dafür danken wir dir durch Christus, unseren Herrn. Amen.

Vaterunser

Segen
V.: Der gute heilende Geist Gottes durchdringe euer Leben bis in die tiefsten Poren.
Er schenke euch Freude, dass euch nie die Lust am Leben verloren gehe.
Er beflügele eure Phantasie, dass euer Leben bunt und abwechslungsreich bleibe.
Er vertreibe eure Angst, dass ihr mit Mut und Hoffnung dem Morgen entgegengeht.
So segne Euch der barmherzige Gott. Der Vater der Sohn und der Heilige Geist.
A.: Amen

Lied: Jetzt ist die Zeit, Troubadour 758.

Begeistert glauben
Eine Jugendmesse

Vorbemerkung
Bibel-Teilen ist in vielen Ländern Asiens und Afrikas das Herz eines Pastoralprogramms, das dem Aufbau der Kleinen Christlichen Gemeinschaften dient. In der Regel wird diese spirituelle Begegnung mit einem Bibeltext von Kleingruppen praktiziert. Um diesen geistlichen Impuls jedoch der ganzen Gemeinde vorzustellen, kann er in eine Eucharistiefeier integriert werden.

Einzug
Beim Einzug trägt der Lektor das Evangeliar. Vor und hinter ihm gehen zwei Messdiener mit Kerzen. Nach der Verneigung vor dem Kreuz legt der Lektor das Evangeliar auf ein Lesepult am Altar. Die Messdiener stellen ihre Kerzen neben dem Evangeliar ab. Der Priester, Lektor und die Messdiener verneigen sich gemeinsam vor dem Buch. Dabei singt die Gemeinde:

Lied: Kommt herbei, GL 270.

Einführung
Feierlich haben wir bei unserem Einzug das Wort Gottes mit uns geführt und es auf dem Altar abgelegt. Im heutigen Gottesdienst möchten wir uns in besonderer Weise von der Heiligen Schrift ansprechen lassen. Wir werden dies so tun, wie es uns die Christen in Afrika und Asien seit vielen Jahren vormachen. Sie treffen sich regelmäßig in Kleinen Christlichen Gemeinschaften zum Bibel-Teilen. Dies ist mehr als ein gemeinsames Lesen in der Bibel, wie wir es normalerweise im Gottesdienst praktizieren. Bibel-Teilen ist ein gemeinsames Gebet, das die Kirche erfasst hat und von innen erneuert. Die Christen in Afrika und Asien spüren: Sie wachsen beim Bibel-Teilen zu einer richtigen Gemeinschaft zusammen und kommen Gott näher. Lassen wir uns vom Glauben der Christen in den Jungen Kirchen anstecken.

Kyrie
Gott, du willst uns nahe sein. Du sprichst auch heute durch die Bücher des Alten und Neuen Bundes zu uns, damit das Leben einen Sinn bekommt.
Liedruf: Kyrie eleison

Christus, du hast unter uns gelebt und bist mit der Frohen Botschaft unter uns geblieben, damit der Himmel die Erde berührt.
Liedruf: Christe eleison

Gott, du schenkst uns Gemeinschaft, wenn wir miteinander auf dein Wort hören und es in unser Leben eindringen lassen.
Liedruf: Kyrie eleison

Gloria: Da berühren sich Himmel und Erde

Lesung Apg 2,44–47: Das Leben der jungen Gemeinde.

Zwischengesang: Herr, gib uns Mut zum Hören, GL 521.

Evangelium Joh 17,9–19: Jesu Fürbitte für die Jünger.

Bibel-Teilen
An dieser Stelle lädt der Zelebrant dazu ein, statt einer Homilie miteinander Bibel-Teilen zu praktizieren. Dabei kann er kurz auf die Entwicklung des Bibelteilens hinweisen:
 Fast zufällig entstand in Südafrika eine Methode, mit der Christen einen neuen Bezug zur Bibel fanden. Zwei Xhosa-Schwestern, zwei Xhosa-Katechisten und der deutsche Missionar Oswald Hirmer waren mit dem Auto unterwegs und planten einige vor ihnen liegende Veranstaltungen. Auf einem Rastplatz hielten sie an und schrieben auf, wie sie bei ihren Treffen vorgehen wollten. Dies war die Geburtsstunde der einzelnen Schritte, aus denen sich schon bald das Bibel-Teilen entwickelte. Bibel-Teilen ist eine spirituelle Form der Bibelarbeit. Sie ist eher eine Meditation als eine Analyse, eher Gebet als Verstehen. Menschen setzen sich zusammen, laden Gott in ihre Mitte ein, lesen gemeinsam in der Bibel und wiederholen, welches Wort oder welcher Satz des vorgetragenen Bibel-

textes ihnen besonders wichtig ist. Die Christen entdeckten eine faszinierende Wirkung, die von dieser ungewöhnlichen Bibelbegegnung ausgeht. Überall schlossen sich Christen zu Kleinen Christlichen Gemeinschaften zusammen und trafen sich regelmäßig zum Bibel-Teilen. Die Methode breitete sich wie ein Lauffeuer zunächst im südlichen Afrika aus, später erreichte sie die Länder im Osten des Kontinents. In Asien wurde das Bibel-Teilen als AsIPA-Methode bekannt und veränderte das Gesicht der Kirche. Überall brachen verkrustete Strukturen auf, es entstanden Kleine Christliche Gemeinschaften. Auf Sri Lanka wurde der Priester Milroy Fonseka beauftragt, die Katholiken im ganzen Land mit der Methode vertraut zu machen. Mit großem Erfolg: In nur wenigen Jahren entstanden allein in diesem Inselstaat einige tausend dieser Kleinen Christlichen Gemeinschaften. Milroy Fonseka sagt über seine Erfahrung mit dem Bibel-Teilen:»Früher wurden viele schriftlich fixierte Gebete gesprochen, und die Menschen wurden müde, die bekannten Texte zu rezitieren. Beim Bibel-Teilen geht es viel lebendiger zu. Alle Gebete werden spontan formuliert, und die Menschen haben Lust bekommen, in der Bibel zu lesen. So kommen sie der Guten Nachricht näher und erleben, dass die Gebete ihrem Herzen entspringen. Im Gebet kommt Gott uns heute wirklich nah, wie Johannes in seinem Prolog schreibt: Sein Wort wird Fleisch und wohnt unter uns. (...) Ich bin davon überzeugt, dass dieses Pastoralprogramm auch in anderen kulturellen Kontexten das Gesicht der Kirche verändern kann. Die Wurzeln des Programms liegen in Afrika, in Asien hat sich die Pflanze weiterentwickelt, und auch in Europa können die Kleinen Christlichen Gemeinschaften der Kirche eine neue Blüte schenken.«

Lassen wir uns von der Kirche in Asien und Afrika ermutigen, wenn wir Bibel-Teilen nun in unserem Gottesdienst praktizieren. Ich werde den eben gehörten Bibeltext nochmals vorlesen. Anschließend lade ich sie und euch ein, einzelne Worte oder Sätze aus dem gehörten Text auf ein Blatt Papier zu schreiben, das gleich ausgeteilt wird. Später werden die Blätter eingesammelt, und einige Äußerungen vorgetragen. Nach einer kurzen Stille haben einige von uns die Möglichkeit zu sagen, welches Wort sie persönlich angesprochen hat und durch die kommende Woche begleiten soll.

Nun praktiziert die Gemeinde die Schritte 2–5 des Bibel-Teilens:
Schritt 2:   Bibeltext lesen.

Schritt 3:	Austeilen der Blätter und Stifte. Jeder hat Gelegenheit, den Satz oder das Wort aufzuschreiben, das ihn besonders angesprochen hat. Die Blätter werden wieder eingesammelt. Einige Äußerungen werden (möglichst von mehreren Sprechern) vorgetragen.
Schritt 4:	Stille.
Schritt 5:	Einzelne können formulieren, welches Wort sie berührt hat und durch die kommende Woche begleiten soll.

Fürbitten

Herr, du bist bei uns, wenn wir in deinem Namen zusammenkommen. Wir bitten dich:

Für die Christen in Afrika und Asien. Lass sie mit ihrem spirituellen Hunger und dem Gespür für Gemeinschaft neue Wege finden, wie die Kirche der Zukunft aussehen kann.
Wir bitten dich, erhöre uns.

Für die Kirche in Deutschland, die oft unter Orientierungslosigkeit leidet. Lass sie in dieser Krise die Chance erkennen, sich wieder neu an dir und deinem Wort zu orientieren.
Wir bitten dich, erhöre uns.

Für unsere Gemeinde, in der sich viele einsam fühlen. Lass uns aufeinander zugehen: im Alltag, im Gottesdienst, im Gebet, beim Bibel-Teilen. Und lass uns neue Wege ausprobieren, zu einer christlichen Gemeinschaft zusammenwachsen.
Wir bitten dich, erhöre uns.

Für uns selbst, die wir oft mutlos sind. Hilf uns, den Blick von uns selbst und unseren eigenen Problemen zu lösen. Komme du uns nahe. Und lass uns auf deine Vision und Verheißung des Gottesreiches vertrauen.
Wir bitten dich, erhöre uns.

Herr, du hast uns versprochen, unsere Bitten wie ein guter Vater zu erhören. Dafür danken wir dir durch Christus, unseren Bruder und Herrn. Amen.

Lied zur Gabenbereitung: Wo zwei oder drei, Unterwegs 129.

Vaterunser

Kommunion

Danksagung
Lasst uns beten mit den Gebetsworten aus Sri Lanka:
Vater, wir danken dir für den Geist Jesu Christi. In seiner Kraft schreiten wir voran aus der Sklaverei in die Freiheit, aus dem Egoismus zur Liebe. Mitten in dieser Welt wollen wir deine Botschaft leben. Für uns und für die anderen um uns herum. Für sie wollen wir Zeichen deiner Gegenwart sein durch unsere Liebe, durch unser Leben. Mit allen, die vor uns gelebt haben, mit allen, die mit uns leben, mit ihnen allen sprechen wir: Du bist heilig, allmächtiger Gott! Raum und Zeit zeigen deine Herrlichkeit.

Wir singen dein Lob, Herr! Schöpfer und Befreier der Welt, dir gehört die Herrlichkeit. Wir haben das Gedächtnis deines Todes gefeiert, Jesus Christus. Wir haben deine Auferstehung kundgetan. Wir sind erfüllt mit deinem Leben. Wir sind vereint – mit dir und untereinander. Wir haben deine Speise untereinander geteilt. So gehen wir jetzt weiter auf unserem Weg, in Freude und Hoffnung. In der Hoffnung, dir besser zu dienen. Im Kampf für das Wohl aller.

So können wir mit deiner Gnade daran mitarbeiten, dass der Mensch neu wird unter einem neuen Himmel und auf einer neuen Erde. In deinem Reich, das unser Herr, Jesus Christus, uns und allen Menschen angesagt hat und um das wir beten. Amen.

Segen und Auszug
Ein frischer Wind weht durch die Kirche in Afrika und Asien. Eine wohltuende Brise erreichte uns heute in diesem Gottesdienst. Sie möge uns ermutigen, immer wieder neu auf dein Wort zu hören und auch bei uns das Gesicht der Kirche zu verändern. Dazu segne uns der Vater, der Sohn und der Heilige Geist. Amen.

Beim Auszug trägt der Lektor wiederum das Evangeliar, die Messdiener die beiden Kerzen.

Lied: Lasst uns miteinander, Troubadour 152.

In mir brennt ein Feuer

Eine Frühschicht

Vorbemerkungen
Für den Gottesdienst müssen für jeden Teilnehmer ausgeschnittene Flammen mit der Aufschrift »In mir brennt ein Feuer, wenn ...« sowie genügend Stifte bereit liegen.

Lied: Gott gab uns Atem, Unterwegs 49 oder:
Öffnet euch, Herzen, Unterwegs 124.

Einführende Gedanken
Wir haben uns im Laufe der Firmvorbereitung immer wieder auch mit dem Heiligen Geist beschäftigt. Der Heilige Geist steht auch im Mittelpunkt dieses Gottesdienstes. Und vielleicht ist ja einigen von euch die Bibelstelle, die wir für diesen Gottesdienst ausgesucht haben, schon bekannt.

Doch gerade darum soll es in diesem Gottesdienst gehen: Schon bekanntes zu vertiefen, unseren Glauben vor Gott zur Sprache zu bringen und die Erfahrungen, die wir in den letzten Wochen in den Gruppen gemacht haben, zu feiern. Doch zunächst wollen wir einen Moment innehalten, still werden und uns sammeln.

Stille

Gebet
Du, Gott der Begeisterung, in jeden Menschen hast du dich ganz tief eingeschrieben. Du möchtest uns zu einem Leben in Fülle führen. Auch jetzt bist du mitten unter uns. Öffne unsere Sinne, dass wir deine Heil bringende Gegenwart unter uns spüren. Darum bitten wir dich durch Christus, unseren Bruder und Herrn. Amen.

Biblische Lesung
Als der Pfingsttag gekommen war, befanden sich alle am gleichen Ort. Da kam plötzlich vom Himmel her ein Brausen, wie wenn ein heftiger Sturm daherfährt, und erfüllte das ganze Haus, in dem sie waren. Und es erschienen ihnen Zungen wie von Feuer, die sich verteilten; auf jeden von ihnen ließ sich eine nieder. Alle wurden mit dem Heiligen Geist erfüllt.
Apg 2,1–4

Lied: Dein Geist weht, wo er will, Wellenbrecher 18.

Gedanken zum Bibeltext
Sprecher 1: Dieser Bibeltext mutet uns viel zu. Ein plötzlicher Sturm, Feuerzungen, die vom Himmel kommen – Was soll das? An so was kann ich nicht glauben. Das hört sich für mich völlig unglaubwürdig an.
Sprecher 2: Der moderne Mensch glaubt an das, was er sehen kann. Doch nicht alles, was unser Leben ausmacht, ist sichtbar. Die Liebe zwischen zwei Menschen, die Angst, die uns zittern lässt, die Hoffnung, die uns erfüllt – all das kann unser Auge nicht sehen. Doch wer würde ernsthaft behaupten, dass es all das nicht gäbe. Manche Dinge sind nur an ihrer Wirkung, die sie auf uns haben, zu erkennen. Unsere Gefühle gehören dazu, aber auch der Heilige Geist.
Sprecher 1: Wer schon einmal verliebt war, weiß, wie schwer es ist, sein Gefühl in Worte zu fassen. Generationen von Dichtern haben immer wieder versucht, Bilder für dieses Gefühl zu finden.
Sprecher 2: Ähnlich ist das auch mit dem Heiligen Geist. Das, was die Jünger damals am Pfingsttag erlebten, war für sie selbst nur schwer zu begreifen. Um so schwerer war es für sie, Worte zu finden, die ihre Erfahrungen beschreiben konnten. Aber die Wirkung dieses Ereignisses dauert bis heute an. Und auch im Falle unserer Bibeltextes ist deutlich zu spüren, dass der Verfasser versucht, Bilder zu finden, für die Erfahrung, die die Jünger damals gemacht haben. Ein Bild, das in diesem Text vorkommt, ist das Bild des Feuers. Diesem Bild wollen wir noch etwas genauer auf die Spur kommen.

Lied: In dir brennt ein Feuer.

T.: / M.: Frank Reintgen, 1998

1. In dir brennt ein Feu-er vom Spaß am Le-ben an-ge-steckt. Die pu-re Lust zum Le-ben hast du in dir neu ent-deckt. Doch kommt ein-mal die Zeit: Da musst du durch dunk-le Tä-ler Da schwimmst du ge-gen den Strom. Da jagt dich ein schwar-zer Schat-ten. Da tobt vor dir das ro-te Meer. Dann käm-pfe ge-gen den Wind, ü-ber-sprin-ge Mau-ern und le-be

und le-be als Gottes-kind. Denn in dir
brennt ein Licht, brennt ein e-wi-ges Licht. In
dir brennt ein Licht, das nie ver-lischt.

2. In dir glimmt die Freude, Begeisterung für diese Welt.
   Das Leben zu erleben, ist das einzige was zählt.
   Doch kommt einmal die Zeit: Da musst du durch öde Wüsten.
   Da quält dich ein böser Traum
   Da stehst du mitten in Trümmern
   Da trifft dich ein Schicksalsschlag.

3. In dir glüht die Liebe, die dich verbindet mit der Welt,
   und deine Funken fliegen und du leuchtest menschlich hell.
   Doch kommt einmal die Zeit: Da jagt dich ein Schreckgespenst
   Da stehst du vor tiefen Gräbern.
   Da trägst du ein schweres Kreuz.

Feuer-Meditation

Es wird nun in der Schale eines Grills oder eines anderen feuerfesten Behälters ein Feuer angezündet. Zunächst schauen sich alle das brennende Feuer an. Nach einiger Zeit wird der folgende Text vorgelesen:

Feuer,
das sich ausbreitet,
unaufhaltsam,
es kennt keine Grenzen.
Wie Feuer,
so ist Heiliger Geist.

Feuer:
Funke,
der überspringt,
von einem zum andern.
Wie Feuer
ist Heiliger Geist.

Feuer:
Lodernde Flammen,
die anstecken,
mitreißen,
alles erleuchten.
Wie Feuer
ist Heiliger Geist.

Schreibaktion
Nun werden an alle Teilnehmer des Gottesdienstes die vorbereiteten Papier-Flammen und jeweils ein Stift verteilt.
Ich möchte euch nun einladen, einmal nachzudenken, wann ihr spürt, dass in euch ein Feuer der Begeisterung brennt. Schreibt eure Gedanken auf die Papierflammen. Wir möchten diese Texte gleich vorlesen.

Vorlesen der Texte
Wenn alle Jugendlichen ihre Zettel beschriftet haben, werden die Texte vorgelesen. Je nach Teilnehmerzahl kann nur eine Auswahl der Texte vorgelesen werden. Zwischen den einzelnen Texten wird immer wieder der folgende Liedruf gesungen:

Liedruf: Komm Heiliger Geist, der Leben schafft, GL 241,1.

Vaterunser
Nehmen wir uns links und rechts an die Hände.
    Die Teilnehmer reichen sich die Hände.
    Wenn wir so Hand in Hand zusammen stehen ist spürbar, dass bei uns Gottes Heiliger Geist wehen kann und wehen will: der Geist der Liebe, der Solidarität und des Miteinanders. Dieser Geist ist es, der uns zu Brüdern und Schwestern macht, so dass wir so beten können, wie Jesus es uns selber gelehrt hat: Vater unser ...

Gebet
Barmherziger Gott, du schenkst jedem von uns das Feuer der Begeisterung. Lass uns dieses Feuer in die Welt tragen, dass alle davon angesteckt werden.
    Bewahre uns vor der Gefahr, dass die Leidenschaft und die Liebe in uns erlischt. Lass uns nie unser Feuer verlieren. Darum bitten wir dich durch Christus, unseren Bruder und Herrn. Amen

Segensbitte
Atme in uns, du Heiliger Geist, dass wir Heiliges denken!
Treibe uns, du Heiliger Geist, dass wir Heiliges tun!
Locke uns, du Heiliger Geist, dass wir Heiliges lieben!
Stärke uns, du Heiliger Geist, dass wir Heiliges hüten!
Hüte uns, du Heiliger Geist, dass wir das Heilige nimmer verlieren!
Segne uns, Gott; du, der Vater, der Sohn und der Heilige Geist. Amen.

Lied: Lösch den Geist nicht aus, Unterwegs 120.

Kirche

Ein tragfähiges Fundament
Eine Atempause

Vorbemerkung

Als Material wird benötigt:
- Zettel in Form einer Kirche
- Stifte
- CD-Player
- CD mit meditativer Musik

Lied: Wo zwei oder drei, Unterwegs 129.

Begrüßung
Herzlich begrüße ich euch zu unserem heutigen Gottesdienst. Wenn ich mir so anschaue, wer alles in die Kirche gekommen ist, dann kann ich nur staunen. Ganz schön jung ist unsere Kirche. Es tut gut zu sehen, dass auch viele junge Menschen zu uns gehören und mit uns auf der Suche nach einem gelingenden Leben sind. Ein brasilianischer Bischof sagte einmal über euch Jugendliche: »Sie verfügen über den unerschöpflichen Reichtum der Zukunft. Sie sind Meister des Enthusiasmus und der Hoffnung. Sie dürsten danach, in einer Welt ohne Untermenschen und Übermenschen zu leben. Die Welt hat ihn nötig, diesen wunderbaren Reichtum, der Jugend heißt.« Für die Kirche, für unsere Gemeinde seid ihr eine große Bereicherung. Ihr bringt der Kirche neue Ideen, frische Impulse, unkonventionelle Vorgehensweisen ... Dies wollen wir heute miteinander feiern im Namen des Vaters, des Sohnes und des Heiligen Geistes. Amen.

Lied: Gott baut ein Haus das lebt, GL [Anhang Aachen 1985] 050.

Impuls
1. Sprecher   Die Kirche
                   sollte, könnte, müsste ...
                   Heute, morgen,
                   eigentlich schon seit 2000 Jahren,

	fehlerfrei, strahlend, vorbildlich sein,
	christlich, liebevoll, und und und.
2. Sprecher	Die Kirche ist so wie sie ist.
	Und wie wir Menschen sind:
	Voller guter Vorsätze,
	mit vielen positiven Ansätzen
	von denen viele dann doch
	immer wieder im Keim ersticken.
1. Sprecher	Die Kirche
	sollte, könnte, müsste ...
	Die Priester, Bischöfe, Kardinäle,
	allen voran der Papst
	leben doch selbst nicht das,
	was Jesus von Nazareth verkündet hat.
2. Sprecher	Die Kirche ist so wie sie ist.
	Doch sie muss nicht immer so bleiben.
	Weil wir nicht nur alles von den
	Priestern, Bischöfen und Kardinälen erwarten,
	sondern selbst anpacken,
	und mit unserem Engagement
	unsere Gemeinde und unsere Kirche
	verändern.

Lied: Wenn wir das Leben teilen, wie das täglich Brot, Unterwegs 47.

Lesung Apg 2,44–47: Das Leben der jungen Gemeinde.

Aktion

Jeder, der einmal ein Haus gebaut hat, weiß, wie wichtig ein tragfähiges Fundament ist. Wer sein Haus ohne vernünftige Bodenplatte auf Sand baut, darf sich nicht wundern, wenn es schon bald zusammenbricht. Ein kluger Bauherr wird stets dafür sorgen, dass das Fundament stimmt. Ähnlich ist es mit der Kirche und mit unserer Gemeinde. Wenn wir gemeinsam Kirche sein wollen, müssen wir darauf achten, dass unser Fundament stimmt. Ich habe Zettel in Form einer Kirche vorbereitet. Unten erkennt ihr das Fundament. Bitte schreibt einmal auf, was ein tragfähiges Fundament für unsere Gemeinschaft in der Kirche ist.

Der Gottesdienstleiter teilt an die Jugendlichen die vorbereiteten Zettel und Stifte aus. Während die Jugendlichen ihre Zettel beschriften, kann im Hintergrund meditative Musik gespielt werden. Anschließend werden die Zettel eingesammelt und (in Auswahl) vorgelesen.

Fürbitten

Guter Gott, es ist nicht gut, wenn Menschen allein sind. Deshalb hast du uns dazu berufen, dir in Gemeinschaft nachzufolgen. Wir bitten dich:

Für alle Menschen, die Sehnsucht nach Gemeinschaft haben, sie aber nicht finden. Hilf ihnen heraus aus ihrer Einsamkeit und schenke ihnen andere Menschen, die sie auf ihrem Lebensweg begleiten.
Wir bitten dich, erhöre uns.

Für alle Menschen, die den Kontakt zu ihrer Kirche verloren haben. Lass sie Menschen finden, mit denen sie ihren Glauben teilen können.
Wir bitten dich, erhöre uns.

Für alle Menschen, die in der Kirche nur das Negative sehen. Öffne ihnen die Augen für die guten und schlechten Seiten deiner Kirche und wecke in ihnen die Bereitschaft, selbst an der Gestaltung der Kirche mitzuwirken.
Wir bitten dich, erhöre uns.

Für uns selbst bitten wir. Auch in unserem Leben wird es Zeiten geben, in denen wir uns schwer tun mit unserem Glauben und den Menschen in der Kirche. Lass uns dennoch nie den Blick verlieren für die vielen positiven Seiten, die wir in deiner Kirche entdecken können.
Wir bitten dich, erhöre uns.

Guter Gott, du erhörst unsere Bitten. Dafür danken wir dir durch Christus, unseren Bruder und Herrn.

Vaterunser

Segen
Dass ihr beim Begriff Kirche an Menschen denkt,
die euch von Jesus Christus erzählen,
und zwar so, dass es euch reizt,
so zu leben wie der Mann aus Nazareth.

Dass euch beim Begriff Kirche Menschen einfallen,
die eure Fantasie und Begeisterung schätzen,
die sich vom frischen Wind eurer jungen Gedanken bereichert fühlen,
und die euch für euer Leben Mut machen.

Dass ihr in der Kirche ein Zuhause findet,
das euch immer mit weit geöffneten Türen empfängt,
das euch auch in schwierigen Zeiten Geborgenheit schenkt,
das euch mit suchenden Menschen zusammenführt.

Das wünsche ich euch und das wünsche ich unserer Kirche. Dazu segne uns der allmächtige Gott; der Vater, Sohn und Heilige Geist. Amen.

Lied: Komm Herr, segne uns, Unterwegs 199.

Mein Standort in der Kirche
Eine Frühschicht

Vorbemerkungen
- Es kann je nach Gruppengröße sinnvoll sein, die Mikrofonanlage der Kirche zu nutzen. Je nach Akustik der Kirche kann aber auch darauf verzichtet werden.
- Die Jugendlichen versammeln sich zunächst in den ersten Bankreihen der Kirche.
- Die Textvorlagen für den oder die Sprecher werden in Kopie benötigt.

Lied zur Eröffnung: Vom Aufgang der Sonne (Kanon), Unterwegs 203.

Begrüßung

Feste Bankreihen, nach vorne ausgerichtet, hintereinander aufgestellt – so sind wohl noch immer die meisten Kirchenräume eingerichtet. Allein durch die Art und Weise, wie unsere Kirchen gestaltet sind, prägen sie auch unser Erleben von Kirche.

In den folgenden Minuten lade ich euch ein, diesen Gottesdienstraum auf euch wirken zu lassen. Dazu werden wir verschiedene markante Orte dieser Kirche aufsuchen und ganz bewusst wahrnehmen.

Ich bitte euch, in den nächsten Minuten nicht miteinander zu sprechen. Wir werden später Gelegenheit zum Austausch haben.

In der Kirchenbank

Im Hintergrund läuft ruhige Musik. Der folgende Text wird bewusst langsam vorgelesen, so dass Zeit bleibt, über die Sätze in Ruhe nachzudenken.

Sprecher 1:   Bitte suche dir zunächst noch einmal ganz bewusst einen Platz in der Kirche aus. Und zwar den Platz, an den du dich normaler Weise setzen würdest, wenn du in diese Kirche zum Gottesdienst kommen würdest.

Pause, bis alle einen Platz gefunden haben.

Sprecher 2:   Wo habe ich mich hingesetzt?

Sprecher 1:	Weit vorne – ganz hinten – ins Seitenschiff – ins Abseits – mittendrin?
Sprecher 2:	Was sagt die Wahl des Platzes über mich aus?
Sprecher 1:	Interesse – Angst – Erwartung – erst mal gucken, was kommt – ich möchte alles im Blick haben – möchte mich selber nicht gerne ins Spiel bringen – mich berieseln lassen – konsumieren.
Sprecher 2:	Schau dich einmal um, wohin sich die anderen gesetzt haben. Was sagt diese Sitzordnung über uns aus?
Sprecher 1:	Sind wir eine Gemeinschaft – Einzelkämpfer – haben wir etwas, was uns verbindet – wer gibt bei uns den Ton an – sind wir alle gleichwertig?
Sprecher 2:	Versuche einmal unsere Mitte zu finden.
Sprecher 1:	Gibt es sie? Und wenn ja, wo liegt sie? Was heißt das eigentlich, wenn wir eine Mitte haben oder finden? Was heißt es eigentlich, wenn wir keine Mitte haben oder finden.
Kurze Stille	
Sprecher 2:	Bitte kommt nun aus euren Bänken, geht nach vorne in den Altarraum und schaut von hier aus in den Kirchenraum hinein.

Im Altarraum

Sprecher 1:	Vielleicht stehst du zum ersten Mal so in einer Kirche. Vielleicht ist dir dieser Platz aber auch vertraut. Versuche einmal ganz bewusst wahrzunehmen, was dieser Standort in dir auslöst.
Kurze Stille	
Sprecher 2:	Vielleicht Angst: Ich vor all den Leuten, was soll ich ihnen sagen?
Sprecher 1:	Vielleicht aber auch Machtgefühl? Ich sage denen da jetzt mal, wo es lang geht? Ich bestimme, was wichtig ist.
Sprecher 2:	Vielleicht Unbehagen: Hier gehöre ich nicht hin, dieser Platz steht mir nicht zu.
Sprecher 1:	Aber: Wie müsste einer sein, dem dieser Platz zusteht?
Sprecher 2:	Vielleicht empfindest du auch Spaß, Freude: Davon habe ich schon lange geträumt. Einmal da stehen, wo sonst »Tabuzone« ist.

Sprecher 1:	Spüre noch einen kleinen Augenblick nach, was du empfindest. Probiere auch einmal eine andere Stelle hier vorne im Altarraum aus. Was ändert sich, wenn sich dein Stan*dort* ändert?
Kurze Stille	
Sprecher 2:	Unsere nächste Station ist das Taufbecken. Dorthin wollen wir nun gehen.

Am Taufbecken

Dieser Ort wurde deshalb gewählt, weil er fast automatisch dazu führt, dass sich die Teilnehmer in einem Kreis um das Taufbecken versammeln – und genau darum geht es an dieser Station: Erlebbar machen, dass allein durch die Gestaltung eines Raumes ein anderes Gemeinschaftsgefühl entstehen kann. Je nach Kirche eignet sich vielleicht ein anderer Ort der Kirche besser hierzu: Eine Krypta, eine Seitenkappelle …

Sprecher 1:	Nimm auch diesen Ort, an dem du jetzt stehst, bewusst wahr. Ist hier etwas anders? Was ist es?
Sprecher 2:	Wie erlebst du diesen Ort: Wirkt er einengend – schützend – bedrückend oder heimelig?
Sprecher 3:	Wo stehe ich jetzt? Am Rand? In der Mitte? Hinten? Vorne?
Sprecher 4:	Versuche einmal, hier unsere Mitte zu bestimmen. Ist dies leichter oder schwerer als in der Kirchenbank? Was bedeutet das für uns als Gemeinschaft?
Sprecher 5:	Welches Kirchenbild vermittelt dieser Ort?

Je nach Kirche können weitere Stationen eingefügt werden. Vielleicht eine Kerzenkapelle, eine Krypta …

Austauschrunde

Im Kreis findet ein kurzer Austausch über das Erlebte statt. Wichtig ist dabei, dass die Gefühlsebene der Jugendlichen zur Sprache kommt. In dem Gespräch soll darüber hinaus deutlich werden, dass die Raumgestaltung entscheidend für ein Raumerleben ist. Jede Kirchenraumgestaltung impliziert auch ein bestimmtes Kirchenbild.

Fürbitten
Zwischen den einzelnen Fürbitten wird der folgende Liedruf gesungen: Herr, erwecke deine Kirche, Troubadour 584.

Uns sind viele Talente gegeben. Beten wir um Gottes Geist und Kraft, dass wir diese Gaben sinnvoll einsetzen:

Guter Gott, du suchst Menschen, die deinen Traum von einer neuen Erde und einem neuem Himmel mit verwirklichen.

Guter Gott, du suchst Menschen, die gemeinsam nach Formen suchen, wie das Leben sinnvoll gestaltet werden kann.

Guter Gott, du suchst Menschen, die sich mit ihren Talenten für eine lebenswerte Zukunft einsetzen.

Guter Gott, du suchst Menschen, die noch nicht fertig sind mit der Welt, die noch Träume und Visionen haben.

Guter Gott, du suchst Menschen, die etwas von dem Geist spürbar werden lassen, der unser Leben so wertvoll macht.

So danken wir dir, allmächtiger Gott, für alles was wir aus deiner Hand empfangen. Dich preisen wir heute und in Ewigkeit.

Vaterunser
Jesus hat ganz stark in sich gespürt, dass Gott der ist, der Menschen in Liebe verbindet. Gott will, dass die Menschen als eine große Familie, als Brüder und Schwestern, leben. Wir alle sind Kinder des Vaters im Himmel, der uns mütterlich umsorgt. So wollen wir mit den Worten beten, die Jesus selber uns beigebracht hat: Vater unser ...

Segen
Geht mit der Einsicht, dass Gott es ist, der unser Leben lebenswert macht.
Geht mit dem Glauben, dass nichts uns trennen kann von Gottes Liebe.
Geht mit der Hoffnung, dass uns die Fülle des Lebens zuteil werden wird.
Geht mit dem Segen Gottes.
Geht im Namen des Vater und des Sohnes und des Heiligen Geistes. Amen.

Du bist Kirche

Ein multimedialer Gottesdienst

Vorbemerkung
Über Kirche ist schon viel geredet und diskutiert worden. Dieser meditative Gang möchte einen anderen Akzent setzen. Der meditative Gang möchte das Thema Kirche zum multimedialen Erlebnis werden lassen. Den Teilnehmern sollen Aha-Erlebnisse vermittelt werden, die in einer Diskussion so nicht vermittelbar sind. Immer wieder fällt auf, dass beim Thema Kirche auf die Schwächen der Amtskirche verwiesen wird. Dieser meditative Gang möchte den Teilnehmern deutlich machen, dass sie selber ein Teil von Kirche sind, dass sie selber für Kirche und Gemeinde eine Mitverantwortung tragen.

In der Kirche befinden sich verschiedene Stationen. An den einzelnen Stationen stehen jeweils mehrere Kerzen. In der Kirche läuft meditative Musik vom Band. Die Jugendlichen werden nacheinander mit einem »Laufzettel« auf den Weg durch die Kirche geschickt, mit dem sie zu allen Stationen gelangen. Auf dem »Laufzettel« stehen Anweisungen für den Weg. Der Weg selber ist mit Teelichtern markiert.

Den meditativen Gang gehen alle Jugendliche für sich alleine. Im Anschluss an den Weg ist eine kreative Verarbeitung des Erlebten vorgesehen. Den Schluss bildet eine Austauschrunde im Plenum.

Inspiriert wurde dieser meditative Gang durch einen Kreuzweg von Wilhelm Willms.

Die Vorbereitung des meditativen Gangs durch die Kirche ist relativ aufwendig. Deshalb ist zu überlegen, ob der Parcours über mehrere Tage in der Kirche aufgebaut sein kann, so dass er Tag für Tag von verschiedenen Gruppen gegangen werden kann.

Zur Vorbereitung des Gottesdienstes gehören:
- ◆ Bereitstellung der für die einzelnen Stationen benötigten Medien.
- ◆ Kennzeichnung der Stationen mit Zetteln und / oder Kerzen.
- ◆ Herstellung einer ruhigen Atmosphäre (z.B. durch das Abspielen meditativer Musik und / oder durch die Durchführung von Atem- und / oder Körperübungen).

Die Jugendlichen sollten zudem darauf hingewiesen werden, dass sie den Weg alleine zurücklegen sollen.

Ablauf / Durchführung

Inhalt	Material
Anfang **1. Station: Herman van Veen: Die Geschichte von Gott** An dieser Station stehen Kassettenrecorder mit Kopfhörern bereit, die Jugendlichen hören sich das Stück an.	◆ Kassettenrecorder mit Kopfhörern ◆ Kassette mit dem Stück »Die Geschichte von Gott« von Herman van Veen (in: Hermann van Veen: Worauf warten wir? Hamburg 1981. Als Text auch abgedruckt in: Menschen-Leben-Träume. Der Firmkurs. Texte, Lieder, Bilder für junge Menschen, Freiburg 2001, S. 73)
Auf dem Weg zur 2. Station Zwischen der ersten und der zweiten Station wird eine Weihrauchkerze angezündet, sobald der erste Teil-nehmer an der ersten Station an-kommt.	◆ Weihrauchkerze
2. Station: Einstellungsscheibe An dieser Station werden Einstellungsscheiben (siehe Kopiervorlage) gebastelt.	◆ Scheren ◆ Briefklammern ◆ Bastelvorlagen für die Scheibe (siehe Kopiervorlagen)
3. Station: Der Blick in den Sarg An dieser Station liegt ein Zettel mit der Geschichte »Die Wahrheit am Sarg«. In einem Schuhkarton liegt ein Spiegel	◆ Schuhkarton (Kiste) mit einem Spiegel ◆ Text »Die Wahrheit am Sarg« (siehe Kopiervorlage)

4. Station: Mobile Bei dieser Station hängt ein großes Mobile. Möglichst so, dass man es berühren und bewegen kann.	◆ ein möglichst großes Mobile
5. Station: Gesicht Christi – **Das Gesicht der Menschen** Bei dieser Station liegt für jeden Teilnehmer das Bild in Postkartengröße aus.	◆ Die Postkarte »Gesicht Christi – Gesicht der Menschen« (Karte Nr. 849 bei der Missionsgesellschaft Bethlehem e.V., Elsterweg 10, 71394 Kernen oder in: Menschen-Leben-Träume. Der Firmkurs. Werkbuch für die BegleiterInnen der Jugendlichen, Freiburg 2001, S.159.)
Kreative Verarbeitung Zeit und Material, um etwas kreativ zu gestalten.	◆ Stifte ◆ Papier ◆ Farben, Pinsel, Gläser ◆ Ton ◆ Bibeln ◆ Gebetssammlungen ◆ Mandalavorlagen ◆ ...
Gemeinsamer Abschluss	◆ Stuhlkreis
Austausch über das Erlebte	

KOPIERVORLAGEN

LAUFZETTEL FÜR DEN GANG DURCH DIE KIRCHE

Bitte gönne dir jetzt etwas Zeit. Lass dich nicht hetzen. Gehe jeden deiner Schritte ganz bewusst. Versuche auf dem Weg mit niemandem zu sprechen. Gehe von Station zu Station, von Licht zu Licht.

du hast dir
schon oft
Gedanken
zum Thema
Kirche
gemacht

dieses Thema
hat viele Seiten
vielleicht
entdeckst du
auf dem folgenden Weg
einige neue Seiten
auch an dir

also
mach dich auf den Weg
geh alleine
gehe leise

fang ganz langsam an
Schritt für Schritt
Schritt
weise
geh
Schritt
weise
weise

geh bis zur

↓

1. *Station*
bleib stehen
atme
tief
ein und aus

setze dir die Kopfhörer auf
schalte den Kassettenrecorder an
und höre

Du brauchst nicht zurückzuspulen. Das Stück ist mehrmals hintereinander auf der Kassette aufgenommen.

lass die Geschichte
einen Augenblick
nachklingen

dann
gehe weiter
geh zur nächsten Station
geh langsam
du hast Zeit

nimm wahr
wie es in der
Kirche riecht
welche Gerüche nimmst du wahr
welche Erinnerungen lösen diese Gerüche aus
gute, schlechte

so kommst du
langsam zur

↓

2. Station

auf dem Hocker liegt eine Bastelvorlage
schneide sie aus und füge sie so wie das Modell zusammen

verweile
einen Augenblick
probiere verschiedene Einstellungen der Scheibe
spiele
mit der Scheibe

welche Einstellung kommt deinem
konkreten Erleben von Gemeinde
von Kirche
am nächsten?

nimm deine Scheibe
so wie
du sie eingestellt hast mit
und mach dich
wieder
auf den Weg
zur nächsten Station

deine Scheibe zeigt dir an
was du
jetzt
denkst und fühlst

bleib nicht dabei stehen
bleib
in Bewegung
geh weiter

mach neue Erfahrungen
bleib offen

geh zur

↓

3. Station

neben der Kiste
liegt ein Zettel
lies die Geschichte
die darauf steht

tu, was am Ende
der Geschichte steht

dann gehe zur nächsten Station

gehe leise und höre
auf das
was in dir ist

hat dich
die Geschichte
getroffen
betroffen
hat sie
dich angesprochen
oder geärgert

geh und
spür dem nach
was in dir ist

geh zur

↓

4. Station

setz dich in die Bank
schau dir das Mobile an
beobachte es genau
versuch nachzudenken
die Kirche
ein Mobile

lass
dir
Zeit

auch du bist
ein Teil
dieses Mobiles

was du tust
hat Auswirkungen
auf die anderen
was du nicht tust
hat Auswirkungen
auf die anderen

was andere tun
hat Auswirkungen
auf
dich
was andere nicht tun
hat Auswirkungen
auf
dich

»wenn darum
ein Glied leidet

leiden alle Glieder mit
wenn ein Glied
geehrt wird
freuen sich
alle anderen mit«
(1Kor 12,26)

gehe
aufrecht
zur nächsten Station

du nimmst
Anteil an der Kirche
du bist ein Teil
der Kirche

bedenke
was du tust
oder nicht tust
tust du
als Teil der Kirche

du trägst
Verantwortung
auf
dich
kommt es an

geh
sorgfältig mit
dieser Verantwortung um

geh zur

↓

5. Station

betrachte
das Bild
auf der Postkarte
sehe
schaue
und begreife

»es gibt
viele
Glieder
aber nur *einen* Leib

ihr aber
seid
der Leib Christi

und jeder einzelne
ist
ein Glied
an ihm«
(1Kor 12,27)

verweile noch einen
Augen-Blick
such dir einen Platz
in der Kirche
hock dich in eine Ecke
setz dich in eine Bank
genieße die Ruhe

was geht dir noch nach
was hat dich berührt
was hat dich betroffen
lass dir noch
etwas Zeit

geh dann
ins Pfarrheim

hier liegen
Materialien
wähle aus
und gib deinen
Gedanken
einen Ausdruck:

male ein Bild
schreibe einen Gedanken auf
vielleicht sogar
einen Brief an dich selber
male ein Mandala aus
lies in der Bibel
oder

häng einfach deinen
Träumen nach

zum Schluss
wird Gelegenheit
zu einem kurzen
Erfahrungsaustausch sein

STATION EINSTELLUNGSSCHEIBE

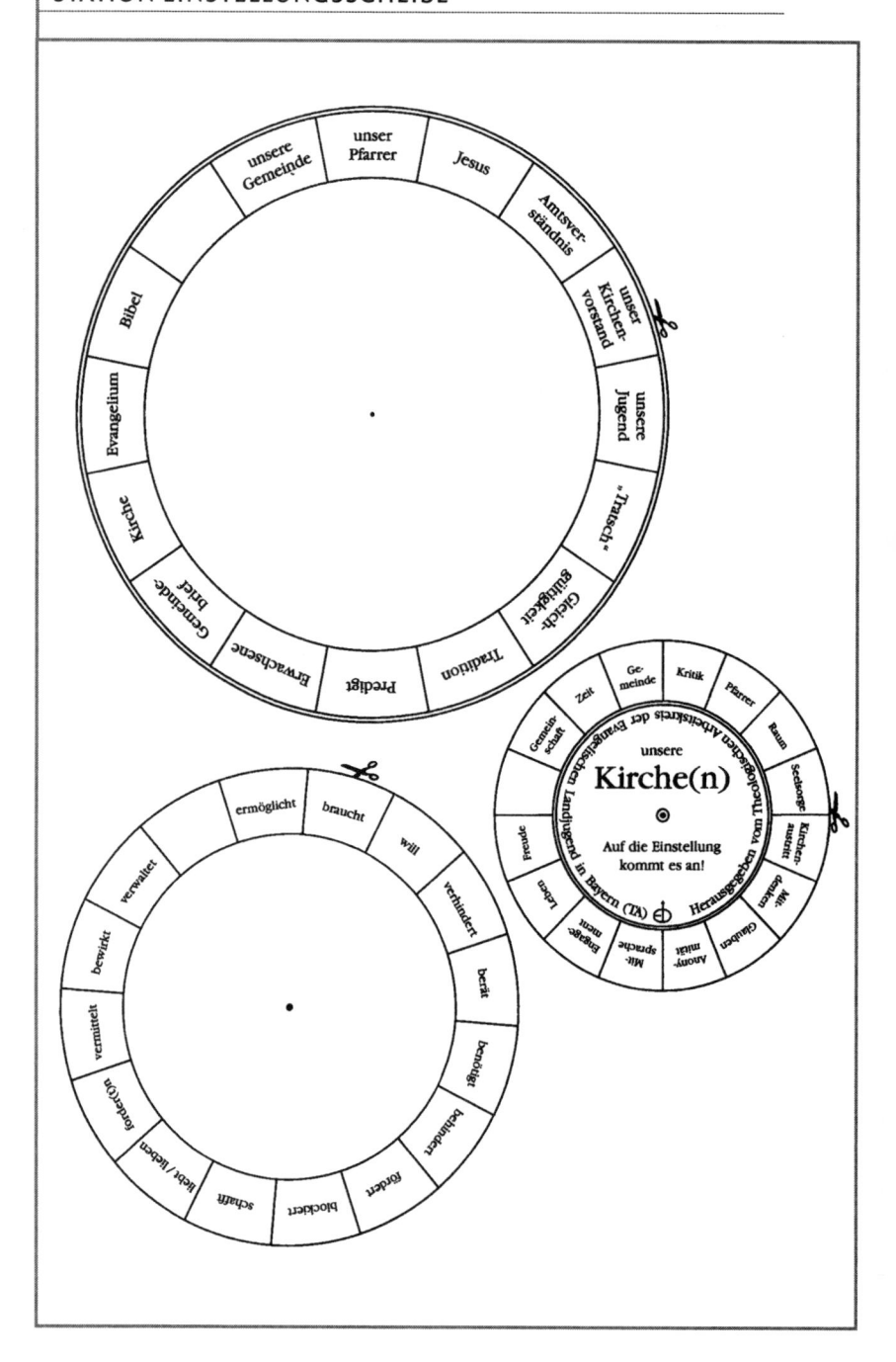

STATION DER BLICK IN DEN SARG

»Die Wahrheit am Sarg«
Ein Pfarrer setzte folgende Anzeige in die Zeitung: »Mit dem Ausdruck tiefsten Bedauerns gebe ich den Tod der Kirche St. Stefanus in Werenfurt bekannt. Die Trauerfeier ist Sonntag um 11 Uhr.« Natürlich war die Kirche bis auf den letzten Platz besetzt. In seiner Predigt führte der Pfarrer aus: »Ich habe keine Hoffnung auf Wiederbelebung unserer Pfarre, will aber ein Letztes versuchen. Sie gehen bitte alle an diesem Sarg da vorbei und sehen sich den Toten an. Dann verlassen sie die Kirche durch das Nordportal. Sollten sie es sich anders überlegen, kommen sie durch die Tür im Osten wieder herein. Dann könnten wir gegebenenfalls einen Dankgottesdienst halten!«

Der Pfarrer trat an den Sarg und öffnete ihn. Alle fragten sich: »Wer würde wohl in dem Sarg liegen?«

Du hast die Möglichkeit das zu sehen, was in diesem Sarg lag. Öffne dazu die Schachtel, die an dieser Station liegt!

Kirchenträume
Eine Messe nicht nur für Jugendliche

Vorbemerkungen
Die Grundidee zu diesem Gottesdienst wurde von Studierenden der KFH Mainz entwickelt. Insbesondere die Luftballonaktion im Gottesdienst beeindruckte die Mitfeiernden nachdrücklich.
Für den Gottesdienst ist eine Traumkirche zu basteln (vgl. Skizze). Dazu benötigt man:

- eine ca. 6 mm dicke Sperrholzplatt (150 cm x 70 cm)
- eine ca. 1 cm dicke Styroporplatte (ebenfalls 150 cm x 70 cm)
- einen Holzring (ca. 3–4 cm Durchmesser)
- vier Stücke Paketschnur, die die Styroporplatte mit der Sperrholzplatte verbinden
- bunte Seidenpapierstreifen, die den Umriss der Kirche bilden
- mit Helium gefüllte verschiedenfarbige (!) Ballons (mindestens zehn Ballons mit ca. 45 cm Durchmesser. Das Helium erst am Tag des Gottesdienst einfüllen. Inzwischen gibt es in vielen Städten Geschäfte, die Gasflaschen mit Helium vermieten).

Unmittelbar vor dem Gottesdienst ist folgendes vorzubereiten:
- Die Traumkirche wird gut sichtbar in den Altarraum gelegt
- Die mit Helium gefüllten Luftballons werden an Schnüre gebunden und versteckt aber griffbereit aufbewahrt.
- DIN A5-Zettel auf die der Umriss eines Luftballons gezeichnet ist, oder Zettel, die in Form eines Luftballons ausgeschnitten sind.
- Stifte für alle Gottesdienstbesucher
- Evtl.: Liedtext zum Brotbrechen kopieren
- Evtl.: Litanei (siehe Kommunion) kopieren

Lied: Wie ein Traum wird es sein, wenn der Herr, Wellenbrecher 76.

Skizze der Kirche

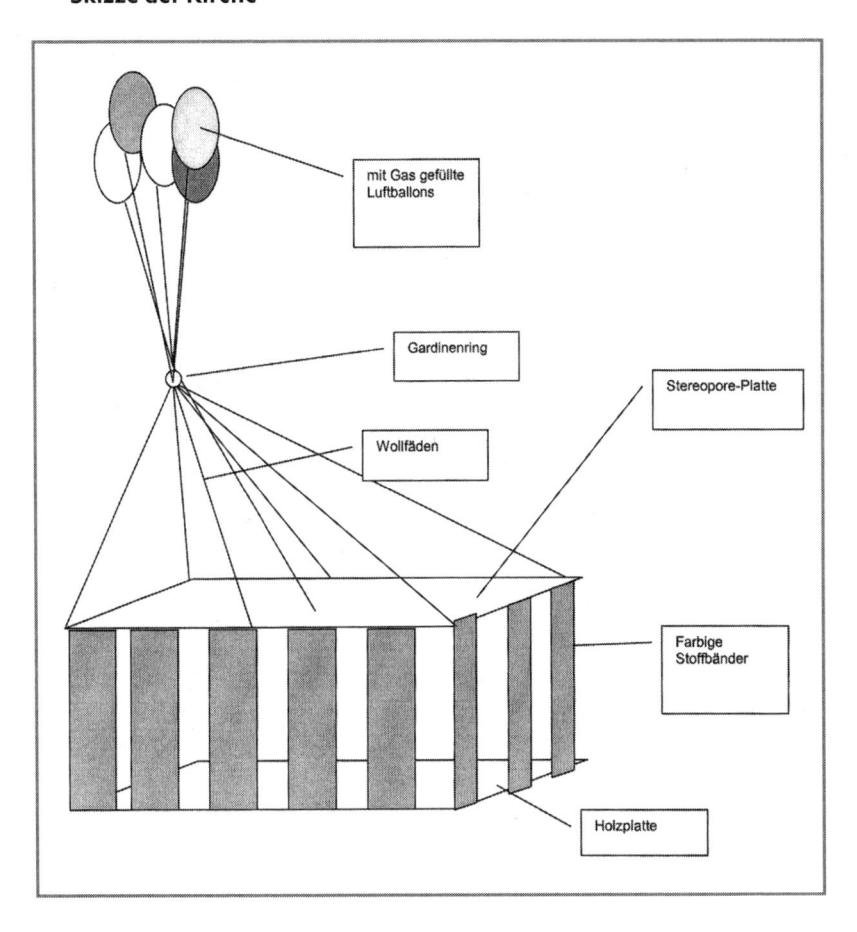

- mit Gas gefüllte Luftballons
- Gardinenring
- Stereopore-Platte
- Wollfäden
- Farbige Stoffbänder
- Holzplatte

Besinnung

Kirchenträume, so haben wir diesen Gottesdienst überschrieben. Wir möchten sie und euch einladen, neu darüber nachzudenken, wie Jesu Gemeinde gewollt hat. Wir möchten dazu anregen, sich neu eine Vision der Kirche der Zukunft, einer Kirche die Zukunft hat, bewusst zu werden. Wir möchten erinnern an die Verantwortung, die wir alle für unsere Kirche, für unsere Gemeinde haben.

Wir wollen ruhig werden und einen Moment Stille halten, damit wir jetzt ganz hier sein können. Das, was uns an diesem Tag schon bewegt hat, die Hektik, der Stress, die Sorgen, all das kann jetzt außen vor bleiben.

Stille

Kyrie
Herr Jesus Christus, du bist ein Freund aller Menschen.
Herr, erbarme dich!

Du bist gekommen, um Heil und Frieden auf der Erde zu stiften.
Christus, erbarme dich!

Du rufst uns Menschen in deine Nachfolge, dass wir einander zu Brüdern und Schwerster des einen Vaters im Himmel werden.
Herr, erbarme dich!

Lied zum Gloria: Ehre sei Gott auf der Erde, Wellenbrecher 25.

Tagesgebet
Barmherziger Gott, du hast allen Menschen deinen Heiligen Geist geschenkt: jungen Menschen und alten, Frauen und Männern, Laien und Priestern. Lass uns durch die Kraft des Heiligen Geistes eine Kirche erträumen, die Salz ist im faden Alltag, die Licht ist in der Dunkelheit der Welt, die Sauerteig der Liebe ist. Darum bitten wir dich durch Christus, unseren Bruder und Herrn. Amen!

Lesung Apg 2,16–18: Die Pfingstpredigt des Petrus.

Aktion
Zeichenhaft soll mit Hilfe von gasgefüllten Luftballons eine aus Fäden in ihrer Struktur erkennbare (Traum-) Kirche aufgerichtet werden. Dazu wird folgender Text langsam vorgetragen:

Sprecher 1: Träume – Kirchenträume, was meinen wir damit? Sind nicht alle Träume nur Illusion?
Sprecher 2: Man kann unsere Träume mit einem Luftballon vergleichen. Ein leerer Luftballon ist schlaff, ist ohne Gestalt, ohne Leben. Aber wenn wir ihn mit unserem Atem füllen, mit unserer Luft, unserer Kraft, dann nimmt er Gestalt an. Unser Atem, unsere Energie geben dem Luftballon Leben.

Ein Luftballon wird aufgeblasen.

Sprecher 1: So ist es auch mit unseren Träumen. Werden sie nicht ein Teil von uns, verleihen wir ihnen keine Energie, dann bleiben unsere Träume Illusion.

Sprecher 2: Nur – ein Luftballon allein kann nichts bewegen; aber viele Luftballons entwickeln Kraft, streben einem Ziel zu, reißen mit, schweben auf eine neue Wirklichkeit zu.

Sprecher 1: »Wenn einer alleine träumt«, so sagte es einmal Dom Helder Camara, „ist es nur ein Traum. Aber wenn viele gemeinsam träumen, dann in das der Beginn einer neuen Wirklichkeit«.
Ein Traum lässt Kirche noch nicht leben, viele Träume können Kirche aufbauen, können Kirche gestalten. Viele Träume – die lassen Kirche werden, die richten Kirche auf, die formen Kirche, die lassen Kirche lebendig werden.

Die mit Helium gefüllten Ballons werden nun nacheinander an der am Boden liegenden Kirche befestigt. So richtet sich die Traumkirche langsam auf.

Sprecher 2: Doch – wie schnell zerplatzen unsere Träume? Sie stoßen an Nadeln ...
Mit einer Nadel den vorher aufgeblasenen Luftballon zum Platzen bringen.
... festgefahrene Riten, sinnentleerte Worte, Macht- und Karrierestreben, Unglaubwürdigkeit ...
Die Träume verlieren ihre Kraft, werden leer, leblos, Träume sind eben doch oft nur Schäume; es hat doch alles keinen Sinn.

Sprecher 1: Zum Glück sind da noch die Träume der anderen; derer, die noch nicht aufgehört haben zu träumen. Sie tragen uns mit; sie geben uns neuen Mut; sie lassen uns neu hoffen; sie bringen uns selbst neue Träume.
Es sind viele Träume, die die Kirche tragen. Nicht Eintönigkeit, nicht Gleichklang, nicht Farblosigkeit, sondern bunte Vielfalt. Es gibt nicht nur einen grünen Traum, einen roten Traum, einen schwarzen Traum ... Jede Farbschattie-

	rung der Träume ist wichtig. Der Regenbogen wird erst durch seine Farbenpracht schön. Erst alle Farben der Träume zusammen ergeben den strahlenden, glänzenden, leuchtenden weißen Traum.
Sprecher 2:	Alle Träume streben dem gleichen Ziel zu, dem Himmel. Aber kein Traum ist das Ziel. Jeder Traum ist wichtig, aber kein Traum ist die Wahrheit. Jede von uns und jeder von uns bekommt jetzt einen Zettel mit einem aufgedruckten Luftballon. Wir laden euch ein in diesen Ballon eure Kirchenträume aufzuschreiben.

Während die Zettel ausgeteilt bzw. ausgefüllt werden, läuft ruhige Musik. Die Zettel werden nach einiger Zeit in mehreren Körbchen eingesammelt.

Lied: Ich träume eine Kirche, Wellenbrecher 145.

Evangelium Mt 5,3–12: Die Seligpreisungen.

Predigt
In der Predigt können folgende Aspekte angesprochen werden:
- Es braucht immer wieder Menschen mit Visionen. Visionen halten die Sehnsucht in uns wach, dass die Welt, die Kirche, so wie sie ist, nicht bleiben muss. Visionen halten die Erinnerung wach, dass Veränderung möglich ist.
- Aber Visionen müssen konkret sein. Visionen, die keinen Bezug zur Realität haben, frustrieren, entmutigen, enttäuschen.
- Immer wieder waren es gerade junge Menschen, die eine prophetische, visionäre Kraft entwickelt haben. Immer wieder waren es junge Menschen, die die Welt und die Kirche erneuert haben.
- Das Evangelium erinnert an die Grundvision einer lebendigen Kirche. Da ist die Rede von Menschen, die in Frieden miteinander leben. Menschen, die mitfühlen können, denen nicht alles egal ist. Menschen, die Gerechtigkeit suchen, die das, was das Leben für sie bereit hält, miteinander teilen.
- Das Evangelium erinnert auch daran, dass sich jene, die sich für eine bessere Zukunft einsetzen, angreifbar machen. Wer klar Position bezieht, wird damit zu rechnen haben, dass er auf Gegenrede stößt. Es

kann einen in Schwierigkeiten bringen, sich für die Vision vom Reich Gottes zu engagieren. Aber all denen, die sich genau darum mühen, ist nichtendendes Leben in Fülle verheißen, schon hier und heute.

Vorlesen der Zettel
Nun werden die Zettel von einigen Sprechern vorgelesen. Dabei werden immer vier Kirchenträume gebündelt. Dann wird das Lied »Wenn einer alleine träumt« gesungen. Nehmen sehr viele an diesem Gottesdienst teil, dann sollten nicht alle »Träume« vorgelesen werden. Zum Schluss wird das Lied miteinander als Kanon gesungen.

Liedruf zwischen den Kirchenträumen: Wenn einer alleine träumt, Wellenbrecher 117.

Lied zum Glaubensbekenntnis: Mehr als unsere Sprache sagen kann, Wellenbrecher 51.

Lied zur Gabenbreitung: Herr, wir bringen in Brot und Wein, Unterwegs 178.

Lied zum Sanctus: Singt dem Herrn, Wellenbrecher 56.

Vaterunser

Mit Jesus hat sich ein Traum in die Herzen der Menschen geschrieben. Der Traum von einer Welt, in der Gottes Wille geschieht, wo Gottes Reich auf der Erde Wirklichkeit wird. Diesen Traum halten Christen auf der ganzen Welt wach, wenn sie das Vaterunser beten. So lasst uns nun als Brüder und Schwestern die Hände reichen und so beten, wie Jesus selber es uns gelehrt hat: Vater unser ...

Lied zum Brotbrechen: Herr, wir wollen uns an dich erinnern (Auf die Melodie von: »Nimm, o Herr, die Gaben, Troubadour 190).

Herr, wir wollen uns an dich erinnern.
Wir teilen das Brot und trinken Wein.
Wir sagen dir Dank, feiern das Leben.

Wo du bist, da lebt
niemand mehr für sich allein.

Brot und Wein erinnern an dein Leben.
Zeichen deiner Nähe sollen sie sein.
Wenn wir an dein Leben und Sterben denken,
dann wirst du
unter uns lebendig sein.

Lass uns alle deinem Beispiel folgen.
Wer so lebt wie du kann glücklich sein.
Du bist für uns Nahrung, Speise.
Durch dich leben wir.
Du bist für uns Brot und Wein.

Kommunion

Die Sorgen und Freuden, die Ängste und Hoffnungen der Menschen sind die Sorgen und Freuden, Hoffnungen und Ängste der Kirche. So sagt es ein Text des Zweiten Vatikanischen Konzils. Die Kirche begleitet Menschen auf ihrem Weg durch das Leben. Mit ihnen träumt sie den Traum von einer Welt, in der Frieden und Gerechtigkeit wohnen. Auf der ganzen Welt sammelt sich das Volk Gottes und macht sich auf den Weg, hin zu den Mitmenschen, hin zu den Schwestern und Brüdern, hin zu Gott. Als ein Teil dieses Volk Gottes wollen wir nun zu dir beten:

	Alle:
Aus den Dörfern und Städten	Sind wir unterwegs zu dir.
Aus den Tälern und Bergen	Sind wir unterwegs zu dir.
Aus Schulen und Ausbildungsstellen	Sind wir unterwegs zu dir.
Aus Büros und Fabriken	Kommen wir als dein Volk.

Mit den leidenden Brüdern und Schwestern	Sind wir unterwegs zu dir.
Mit den lachenden Kindern	Sind wir unterwegs zu dir.
Mit den hoffenden Menschen	Sind wir unterwegs zu dir.
Mit allen, die an dich glauben	Bilden wir ein großes Volk.

Als Bauleute des Friedens	Sind wir unterwegs zu dir.
Als Boten der Gerechtigkeit	Sind wir unterwegs zu dir.
Als Zeugen deiner Liebe	Sind wir unterwegs zu dir.
Als Glieder deiner Kirche	Sind wir ein heiliges Volk.
Wenn wir das Brot teilen	Sind wir unterwegs zu dir.
Wenn wir die Schwachen stützen	Sind wir unterwegs zu dir.
Wenn wir für die Verfolgten beten	Sind wir unterwegs zu dir.
Wenn wir miteinander Gottesdienst feiern	Bist du bei deinem Volk.

(nach einem lateinamerikanischen Kirchenlied)

Segensgebet
Geht in die Welt und nehmt den Traum mit von einer Kirche,
die den Machtlosen Kraft und Mut zuspricht,
die an der Seite der Schwachen steht,
die den Sprachlosen ihre Stimme wiedergibt,
die den Lieblosen mit sich selbst und der Welt versöhnt,
und die immer wieder selbst beginnt,
sich auf Gottes Willen hin auszurichten.
Geht in die Welt und lasst diesen Traum Wirklichkeit werden
an dem Ort, an dem ihr steht.
Dazu segne uns der liebevolle Gott, der Vater, der Sohn und der
    Heilige Geist. Amen.

Schlusslied: Wir erwarten einen neuen Himmel (Kanon), Unterwegs 34. Mit dem Kanon klingt dieser Gottesdienst aus. Er sollte zunächst ganz leise begonnen werden und dann im Verlauf des Singens immer lauter ansteigen. Dann wird er wieder leiser gesungen, bis er schließlich nur noch gesummt wird.

Firmung

Du musst entscheiden

Eine Atempause

Vorbereitung
Als Material wird benötigt
◆ Brennende Osterkerze
◆ Zettel mit Aufschrift »Ich glaube«
◆ CD-Player
◆ CD mit meditativer Musik

Lied: Worauf sollen wir hören (s. S. 37).

Begrüßung
Zu unserem heutigen Gottesdienst begrüße ich euch herzlich. Wir feiern ihn im Namen des Vaters, des Sohnes und des Heiligen Geistes. In den vergangenen Wochen habt ihr euch mit eurem Glauben auseinander gesetzt. Und ihr habt darüber nachgedacht, warum ihr zur Kirche gehören möchtet. Bevor ihr nun gemeinsam die Firmung feiert, müsst ihr euch nun selbst entscheiden. Während bei eurer Taufe eure Eltern für euch gesprochen haben, müsst ihr diesmal selbst sagen, ob in der Firmung das fortgesetzt werden soll, was in der Taufe bereits begonnen wurde. Um diese Glaubens-Entscheidung soll es in unserer heutigen Andacht gehen.

Lied: Suchen und Fragen, Unterwegs 43.

Impuls
Woran glauben wir? Worauf vertrauen wir? Und was gibt uns in unserem Leben Halt? Vor kurzem wurden junge Christen gebeten, ein eigenes Glaubensbekenntnis zu formulieren. Zwei Texte, die damals geschrieben wurden, zeigen, was der Glaube jungen Menschen heute bedeuten kann:

Erster Sprecher:

Ich frage mich wirklich,
ob ich denen glauben soll
und dem »Ich glaube an einen, an den sie glaubten«.

Eine Hand voll Fischer und Handwerker
am Ende der Welt und vor so langer Zeit.
Was hatten die schon erlebt?
Ohne Kabelfernsehen und daily soaps,
ohne MTV und McDonalds und Microsoft?
Nur ein paar Jahre,
in denen sie an Ihn glaubten
und Blinden die Augen aufgingen,
Hungrige Brot miteinander brachen,
und der Tod
seine ältesten Rechte verlor.
Was wussten die schon vom Leben?

Ich frage mich wirklich,
ob ich denen glauben soll
und dem Ich glaube an einen, an den sie glaubten.
Ein Zimmer voll Hilfsarbeiter und ziemlich runtergekommenen Typen
in irgendeiner Hafenstadt und vor so langer Zeit.
Was hatten die schon zu bieten?
Ohne Handys und Gameboys und Internet,
ohne Fußball-WM und Love Parade?
Nur, dass sie an Ihn glaubten
und Reiche und Arme teilten
und man keine Angst mehr haben musste
vor nichts und vor niemandem.
Was wussten die schon vom Leben?

Wirklich: Manchmal wünsche ich mir,
dass ich denen glauben kann
und dem Ich glaube an einen, an den sie glaubten.

Ulrich Sander

Zweiter Sprecher:

Ich glaube an mich und meine Fähigkeiten.
Doch mein Vertrauen setze ich auf Gott,
der mich schuf und sich freut,
wenn sich meine Fähigkeiten
täglich neu entfalten.

Ich glaube an mich und meine Vision vom Leben.
Doch mein Vertrauen setze ich auf Jesus,
den Meister der leisen Töne und sanften Gesten.
Er ist mir einen Weg vorausgegangen,
der geradewegs auf Golgotha zusteuert.
Doch er endet nicht auf dem Gipfel des Leids.
Jesu Weg geht weiter und führt hinter den Horizont,
wo ihn kein Auge mehr verfolgen kann.
Das Licht, das von dort kommt,
ist strahlender und verspricht mehr Wärme
als das klare Licht der Sonne
an einem Sommermorgen.

Ich glaube an mich und meine eigene Begeisterung.
Doch ich vertraue auf den Heiligen Geist,
der meine engen Grenzen sprengt
und mich ansteckt mit der Kraft einer Liebe,
die nicht zur Ruhe kommt
und alles durchdringt seit 2000 Jahren.

Unendlich vertraue ich
und sprenge dabei die Grenzen der Vernunft.
und die Grenzen des Todes,
weil ich ins Vertrauen auferstanden bin.

Gebet
Guter Gott, mit unserem jungen Leben stehen wir vor dir. Du hast es uns geschenkt, damit wir es so gestalten, dass es uns und anderen Menschen Freude bringt. Doch wir fragen uns: Was ist in unserem Leben wirklich wichtig? Und worauf können wir uns verlassen, woran können wir glauben? Wir bitten dich: Begleite du uns auf unserem Lebensweg und lass uns nicht müde werden, dich immer wieder neu in unserem Leben zu entdecken. Darum bitten wir durch Christus, unseren Herrn.

Lied: Wird der Himmel nicht, Ruhama: Eine Welt: Ein Werkheft, missio – Aachen 2000, Titel 12.

Lesungen: Joh 15,14–17: Die Bildrede vom Fruchtbringen,
Joh 15,18: Der Hass der Welt gegen die Jünger.

Aktion
Eben haben wir Glaubensbekenntnisse junger Christen gehört. Nun lade ich euch ein, ein eigenes Glaubensbekenntnis zu schreiben. Gleich teile ich einen Zettel aus mit der Aufschrift »Ich glaube«. Nehmt jeweils einen solchen Zettel und geht ein wenig im Kirchenraum herum. Sucht euch einen Ort, an dem ihr euch wohl fühlt. Dort dürft ihr ein eigenes, euer eigenes Glaubensbekenntnis schreiben. Horcht erst gut in euch hinein. Und schreibt dann, woran ihr glaubt.

Für diese Phase muss genügend Zeit eingeplant werden. Während des Schreibens kann im Hintergrund eine meditative Musik gespielt werden. Wenn die ersten Jugendlichen ihr Bekenntnis aufgeschrieben haben, erläutert der Gottesdienstleiter das weitere Vorgehen und verteilt anschließend Briefumschläge:

Wer sein Bekenntnis aufgeschrieben hat, erhält von mir einen Briefumschlag. Steckt euer Bekenntnis bitte in den Umschlag, klebt ihn zu und adressiert ihn mit eurer Anschrift. Wenn ihr den Brief mit eurem Bekenntnis nun in den Korb legt, der an der Osterkerze steht, werde ich euch euer Glaubensbekenntnis in einem halben Jahr mit der Post zusenden. Es soll euch an die Zeit der Firmvorbereitung erinnern und dazu anregen, wieder einmal über euren und unseren Glauben nachzudenken.

Lied: Ich glaube (s. S. 169).

Fürbitten
Guter Gott, du hast den Menschen die Freiheit geschenkt. Du lässt uns selbst entscheiden, woran wir unser Leben ausrichten. Dich bitten wir: Für alle Jugendlichen, die nicht wissen, was ihnen wichtig ist und wie sie ihr Leben gestalten sollen. Schenke ihnen Menschen, die ihnen helfen, ihrem Leben eine Richtung zu geben.
Wir bitten dich, erhöre uns.
Für alle Jugendlichen, die noch nicht wissen, ob sie sich firmen lassen. Hilf ihnen, dass sie sorgfältig ihre Motivation prüfen und auf die Stimme ihres Gewissens hören, die tief in ihnen spricht.
Wir bitten dich, erhöre uns.
Für alle Jugendlichen, die in unserer Gemeinde gefirmt werden. Lasse sie bei uns den Geist der Gemeinschaft finden, der ihnen eine Heimat gibt.
Wir bitten dich, erhöre uns.
Für unsere Gemeinde. Öffne uns für die Sehnsüchte und Träume junger Menschen und lass uns spüren, wie die Jugendlichen unser Leben mit ihrem frischen Glauben bereichern.
Wir bitten dich, erhöre uns.
Guter Gott, bei dir wissen wir unsere Anliegen in guten Händen. Dafür danken wir dir durch Christus, unseren Bruder und Herrn. Amen.

Vaterunser

Segen
Dass euer Glaube wachse
und stark werde wie ein Baum.
Dass euer Glaube fröhlich werde
und bunt wie ein Regenbogen.
Dass euer Glaube Früchte trage
und andere Menschen satt macht.
Dass euer Glaube tiefe Wurzeln bilde
und euch ein Leben lang versorgt:
Dazu segne euch und uns der allmächtige Gott,
der Vater, Sohn und Heilige Geist. Amen.

Lied: Jetzt ist die Zeit, Troubadour 758.

Mein Glaubensbekenntnis
Eine liturgische Nacht in der Kirche

Vorbemerkung
Einmal eine ganze Nacht in der Kirche verweilen, unkonventionelle Formen des miteinander Redens, Betens und Feierns ausprobieren, nicht an feste Rituale gebunden zu sein, mit Schlafsack in der Kirche ... All das macht den Reiz einer so genannten liturgischen Nacht aus.

Eine ganze Nacht inhaltlich zu gestalten, verlangt gute inhaltliche und organisatorische Planung. Wichtige Fragen, die im Vorfeld geklärt sein müssen.

- Unkonventionelle Formen wecken mitunter bei manchen Gemeindemitgliedern Befürchtungen, die im Vorfeld gut geklärt sein sollten. Insbesondere mit Küster, Pastor und anderen Betroffenen muss im Vorfeld einer liturgischen Nacht der jeweilige Gestaltungsspielraum besprochen werden, um keinen unnötigen Konflikt zu provozieren.
- Es braucht Mitstreiter, die die Nacht inhaltlich und organisatorisch mit vorbereiten und durchführen.
- Es muss ein geeigneter Zeitpunkt gefunden werden: Kann man am nächsten Tag ausschlafen, ist die Kirche frei, gibt es konkurrierende Angebote im Umfeld ...
- In der Kirche muss ein geeigneter Platz gefunden werden, an dem die Großgruppe am besten auf einem Teppich im Kreis sitzen kann (Krypta, Seitenkapelle ...).
- Wichtig ist es auch, mit den Jugendlichen Spielregeln für die Nacht zu erarbeiten. Bewährt hat es sich, dass keiner etwas mitmachen muss. Die Möglichkeit zum Rückzug (aber auch zum erneuten Einstieg) sollte gegeben sein. Dazu ist es gut, wenn man den Beginn von thematischen Abschnitten mit Uhrzeit auf einer Pinnwand oder einem Plakat fixiert, so dass die Jugendlichen sehen können, wann welches Thema dran ist. Bewährt hat es sich auch, in der Sakristei oder im benachbarten Jugend- bzw. Pfarrheim Essen und warme Getränke bereit zu halten.

Natürlich muss eine liturgische Nacht nicht bis zum nächsten Morgen dauern. Das hier vorgestellte Modell lässt sich problemlos so kürzen, dass sich daraus eine kürzere Nachtwache gestalten lässt.

Die folgende Tabelle gibt einen Überblick über den Verlauf der Nacht und die benötigten Materialien. Die Grundstruktur ist bei jedem Thema ähnlich. Nach einem kurzen Einstieg ins Thema bekommen die Jugendlichen die Möglichkeit, sich auf unterschiedliche Weise dem Thema zu nähern. Methodisch findet immer wieder ein Wechsel zwischen Einzelarbeit, Kleingruppe und Großgruppe statt. Ein thematischer Schwerpunkt wird jeweils abgeschlossen durch ein gemeinsames Gebet, das immer die gleiche Struktur aufweist. Lied, Biblische Lesung, Stille, Gebet, Lied.

Thema	Material
Einführung	◆ »Credo« von Jennifer Rush (z.B. auf der CD »Menschen-Leben-Träume«) ◆ CD-Player
Gott	◆ Eine auf Papier / Pappe aufgemalte Waage mit zwei Waagschalen ◆ Aus Pappe ausgeschnittene Gewichte in zwei verschiedenen Farben ◆ Das Arbeitsblatt »Mein Erlebnis mit Gott« (siehe Kopiervorlagen) ◆ Farben, Pinsel, Stifte ◆ DIN A3 Papier in ausreichender Anzahl ◆ DIN A4 Papier ◆ Ton – Dias – Folienstifte – Bibeln
Jesus Christus	◆ »Jesus« von Marius Müller Westernhagen (z.B. auf der CD »Menschen-Leben-Träume«) ◆ CD-Player ◆ Zettel und Stifte für alle Teilnehmer ◆ Arbeitsblatt »Die Biografie Gottes« (Lebensbeschreibung), in: Peter Handke: Prosa, Gedichte, Theaterstücke, © Suhrkamp Verlag, Frankfurt am Main 1969 (auch in: Menschen-Leben-Träume. Der Firmkurs. Werkbuch für die BegleiterInnen der Jugendlichen, Freiburg 2001, S.79) ◆ Jesus-Gebet nach GL 765 vorbereiten

Heiliger Geist	◆ Zeitungsendrollen ◆ Stifte ◆ Evangelium Apg 2,1–13: Das Pfingstereignis ◆ Evtl. das Gemeinsame Gebet kopieren
Mein Glaube	◆ Kopie des Glaubensbekenntnisses ◆ Papier ◆ Plakate ◆ Stifte ◆ Bibeln
Abschluss	

Einstimmung

Noch während die Jugendlichen nach und nach in die Kirche kommen, wird von der CD »Menschen-Leben-Träume« zur Einstimmung das Lied »Credo« von Jennifer Rush gespielt. Dabei wird der CD-Player auf Titelwiederholung gestellt, so dass der Song immer wieder zu hören ist.

Begrüßung und Hinweise zum Verlauf

Das Programm mit einem thematischen Überblick und die Rahmenbedingungen der Nacht werden den teilnehmenden Jugendlichen vorgestellt.

Lied: Ich steh vor dir mit leeren Händen Herr, GL 621.

Gebet

Guter Gott, wir wollen still werden am Beginn dieser Nacht. Wir wollen uns viel Zeit nehmen, um uns mit dem Glauben an dich auseinander zu setzen. Eine ganze Nacht lang wollen wir hier in der Kirche wachen und beten.

Oft stehen wir mit leeren Händen vor dir. Du scheinst uns fremd und unnahbar. Sei uns nah in dieser Nacht. Sei du bei uns, wenn wir miteinander diskutieren, wenn wir kreativ werden, wenn wir schweigen. Lass uns deine Nähe spüren. Damit wir gestärkt aus dieser Nacht hervorgehen. Amen.

STATION: GOTT

Gibt es Gott?
Der folgende Text wird von zwei Sprechern mit verteilten Rollen vorgelesen:
Sprecher 1: Ich glaube an Gott.
Sprecher 2: Und ich glaube nicht an Gott.
Sprecher 1: Aber was ist dann die Wahrheit, was stimmt?
Sprecher 2: Die Wahrheit ist natürlich, dass es keinen Gott gibt!
Sprecher 1: Nein, natürlich ist es die Wahrheit, dass es Gott gibt.
Sprecher 2: Kannst du das denn beweisen?
Sprecher 1: Nein, aber ich glaube, dass es Gott gibt.
Sprecher 2: Und ich glaube, dass es keinen Gott gibt.
Sprecher 1: Kannst du mir denn beweisen, dass es keinen Gott gibt?
Sprecher 2: Nein, aber ich glaube, dass es nicht wahr ist, dass es einen Gott gibt.
Sprecher 1: Ich aber glaube, dass es einen Gott gibt.
Sprecher 2: Kannst du mir denn beweisen, dass es falsch ist, dass es keinen Gott gibt?
Sprecher 1: Nein, aber ich glaube, dass nicht wahr ist, dass es keinen Gott gibt.
Sprecher 2: Ich aber glaube, dass es wahr ist, dass es keinen Gott gibt.
Sprecher 1: Wie kommst du zu dem Glauben, dass es keinen Gott gibt?
Sprecher 2: Durch meine Erfahrung.
Sprecher 1: Aber ich habe erfahren, dass es Gott gibt.
Sprecher 2: Wie kann ich dich nur von der Wahrheit überzeugen, dass es keinen Gott gibt?
Sprecher 1: Es erscheint mir völlig unsinnig, dass es keinen Gott geben soll.
Sprecher 2: Mir erscheint es völlig unsinnig, dass es einen Gott geben soll.
Sprecher 1: Was ist denn nun die Wahrheit?
Sprecher 2: Für mich ist die Wahrheit, dass es keinen Gott gibt.
Sprecher 1: Für mich ist Wahrheit, dass es Gott gibt.
Sprecher 2: Gibt es eine Wahrheit?
Sprecher 1: Ich denke, für mich gibt es eine Wahrheit.
Sprecher 2: Ich aber denke, es gibt eine Wahrheit-für-mich.
Sprecher 1 und 2: Und nun ...?

Kurze Stille und anschließende Möglichkeit zu spontanen Äußerungen der Teilnehmer.

Der Gesprächsleiter macht deutlich, dass die Situation in diesem Anspiel recht genau die Situation in unserer Gesellschaft wiederspiegelt. Anders noch als zur Generation unserer (Ur-) Großeltern ist es nicht mehr selbstverständlich, dass Menschen an Gott glauben. Unser Glaube wird tagtäglich stark hinterfragt. Dann leitet er zum nächsten Schritt über.

Die Waage
Jeder Jugendliche bekommt aus Pappe ausgeschnittene Gewichte in weißer und schwarzer Farbe. Auf die weißen Gewichte schreibt er Gründe auf, warum es sinnvoll ist, an Gott zu glauben. Auf die schwarzen Gewichte schreiben die Jugendlichen, was ihnen den Glauben an Gott schwer macht. Dazu läuft meditative, ruhige Musik. Anschließend werden die Eintragungen auf den Gewichten laut vorgelesen und die Gewichte an eine große Waage geheftet. Dann findet ein Austausch (je nach Teilnehmerzahl in Kleingruppen) statt. Als Gesprächsanstöße sind folgende Impulse denkbar:

1. Was fällt euch bei unserem Bild auf?
2. In welcher Waagschale befinden sich mehr Gewichte?
3. Was sind die gewichtigen Argumente in den Waagschalen?
4. Fiel es euch selber leichter, Argumente für oder gegen Gott zu finden?
5. ...

Mein Gotteserlebnis
Mit Hilfe des Arbeitsblatts »Mein Erlebnis mit Gott« wird zur nun beginnenden kreativen Phase übergeleitet. Die Jugendlichen haben die Möglichkeit, ihr Gotteserlebnis in einem Bild, einer Geschichte, einem Gedicht, in einer Tonskulptur zum Ausdruck zu bringen oder aber in einem Partnergespräch oder einer Bibelarbeit diesen Erfahrungen nachzugehen.

Nach ca. 45–60 Minuten kommen die Teilnehmer wieder zusammen und tauschen sich über das, was sie in dieser Einheit geschaffen, gedacht oder gemacht haben, aus. Evtl. geschieht dies entsprechend der Teilnehmerzahl in mehreren Kleingruppen mit 8–10 Personen.

Sammelndes Gebet
Du unser Gott. Du bist so ganz anders als die Bilder, die wir uns von dir machen. Du bist viel größer als unsere Vernunft. Und doch vertrauen wir darauf, dass du in unserem Leben gegenwärtig bist, da du uns nahe bist.

Wir wollen uns öffnen, um dir Raum in unserem Leben zu geben.
Wir wollen wachsam sein für dein Wirken in der Welt.
Sei uns nahe Gott,
denn wir brauchen dich wie das täglich Brot.
Sei uns nahe,
dass wir gut und sinnvoll Leben können.
Amen.

Lied: Gott gab uns Atem, Unterwegs 49 oder:
Wenn der Geist sich regt, Wellenbrecher 70.

Biblische Lesung Lk 1,68–79: Die Geburt des Täufers.

Kurze Stille

Gemeinsames Gebet
Der folgende Psalm 1 wird im Wechsel gebetet.

A: 1 Wohl dem Mann, der nicht dem Rat der Frevler folgt, nicht auf dem Weg der Sünder geht, nicht im Kreis der Spötter sitzt, sondern Freude hat an der Weisung des Herrn, über seine Weisung nachsinnt bei Tag und bei Nacht.
B: Er ist wie ein Baum, der an Wasserbächen gepflanzt ist, der zur rechten Zeit seine Frucht bringt und dessen Blätter nicht welken. Alles, was er tut, wird ihm gut gelingen.
A: Nicht so die Frevler: Sie sind wie Spreu, die der Wind verweht.
B: Darum werden die Frevler im Gericht nicht besteh'n noch die Sünder in der Gemeinde der Gerechten.
A: Denn der Herr kennt den Weg der Gerechten, der Weg der Frevler aber führt in den Abgrund.

Lied: Mit meinem Gott überspring ich Mauern, Troubadour 609.

STATION: JESUS

Einstimmung
Von der CD »Menschen-Leben-Träume« wird der Song »Jesus« von Marius Müller-Westernhagen eingespielt. Ziel der Musikeinblendung ist es, die Jugendlichen auf das nächste Thema inhaltlich einzustimmen.

Metaphermeditation
Die Jugendlichen bekommen einen Zettel und einen Stift. Auf den Zettel ergänzen die Jugendlichen den Satzanfang »Jesus ist für mich ...« mit Metaphern, die ihnen dazu einfallen. Nach ca. 5–10 Minuten werden die gefundenen Metaphern vorgelesen.

Die Biografie Gottes
Dann wird der Text »Die Biografie Gottes« (Lebensbeschreibung) von Peter Handke vorgelesen. Anschließend setzt sich jeder Jugendliche mit dem Text auf seine Weise auseinander:

Möglichkeit 1 Die Jugendlichen schreiben mit ihren eigenen Worten eine Biografie Jesu. Dabei ist es wichtig zu betonen, dass Rechtschreibung oder Länge der Biografie keine Rolle spielen. Wichtig ist, dass deutlich wird, was die Jugendlichen für die wesentlichen Stationen im Leben Jesu halten.

Möglichkeit 2 Die Jugendlichen erstellen eine Collage. Auf der Collage sollen die aus ihrer Sicht wichtigsten Stationen im Leben Jesu erkennbar sein.

Möglichkeit 3 Die Jugendlichen malen Szenen aus dem Leben Jesu, die für sie Schlüsselszenen darstellen.

Nach ca. 45–60 Minuten kommen die Jugendlichen im Kreis zusammen. Bei entsprechender Teilnehmerzahl können Kleingruppen mit jeweils 8–10 Personen gebildet werden. Reihum stellen die Jugendlichen nun ihre »Kunstwerke« vor. Dabei soll genug Zeit bleiben, dass die Jugendlichen nicht nur ihre Produkte präsentieren, sondern auch etwas über ihr Verhältnis zu Jesus und seinem Leben erzählen können. Bei diesem Schritt soll noch nicht diskutiert werden. Zunächst soll jeder die Möglichkeit bekommen, sich mit seinem Produkt zu präsentieren. Anschließend findet ein Gespräch statt.

Folgende Fragen können den roten Faden für das Gespräch bilden:
- Ist mir beim Vorstellen einzelner Produkte etwas neues aufgegangen?
- Sind mir Dinge fragwürdig geblieben?
- Gab es Äußerungen, mit denen ich mich nicht anfreunden kann, die mich eher abstoßen?

Lied: Eines Tages kam einer, Troubadour 57.

Biblische Lesung Mt 9,27–31: Die Heilung von zwei Blinden.

Kurze Stille

Gemeinsames Gebet
Es gibt viele Bilder, mit denen Menschen versucht haben, Jesus zu umschreiben. Es gibt viele Hoheitstitel, die man ihm zugesprochen hat. In jedem Bild steckt ein Stück Wahrheit. Jeder Hoheitstitel versucht ein bisschen von dem einzufangen, was den Menschen Jesus ausmacht. Beten wir das folgende Gebet im Wechsel.

Gruppe A:	Jesus, Sohn des lebendigen Gottes
Gruppe B:	Jesus, Gott und Mensch
Gruppe A:	Jesus, Verkünder des Reiches Gottes
Gruppe B:	Jesus, Fürst des Friedens
Gruppe A:	Jesus, ewige Weisheit
Gruppe B:	Jesus, lebendiges Wort
Gruppe A:	Jesus, Hoherpriester
Gruppe B:	Jesus, Menschensohn
Gruppe A:	Jesus, gerechter Richter
Gruppe B:	Jesus, Vater der Zukunft
Gruppe A:	Jesus, unser König
Gruppe B:	Du gehorsamer Jesus
Gruppe A:	Du geduldiger Jesus
Gruppe B:	Du eifernder Jesus
Gruppe A:	Du mutiger Jesus
Gruppe B:	Du liebender Jesus
Gruppe A:	Jesus, Bruder der Armen
Gruppe B:	Jesus, Freund der Sünder

Gruppe A:	Jesus, Hilfe der Kranken
Gruppe B:	Jesus, guter Hirt
Gruppe A:	Jesus, du Grundstein
Gruppe B:	Jesus, du Weizenkorn
Gruppe A:	Jesus, du Weinstock
Gruppe B:	Jesus, Brot, von dem wir leben
Gruppe A:	Jesus, Licht, durch das wir sehen
Gruppe B:	Jesus, Weg, auf dem wir gehen
Gruppe A:	Jesus, Wahrheit, die wir glauben
Gruppe B:	Jesus, Tür, durch die wir gehen
Gruppe A:	Jesus, du, unser Leben

(nach GL 765)

Lied: Jesus der Menschensohn, Troubadour 54.

STATION: HEILIGER GEIST

Schreibdiskussion
Je nach Teilnehmerzahl müssen mehrere Gruppen mit maximal zwölf Personen gebildet werden.

Es wird eine große Rolle Papier (z.B. Zeitungsendrolle, die es kostenlos als Abfallprodukt in Druckereien gibt) in der Mitte ausgebreitet. Auf das Blatt wird der Begriff »Heiliger Geist« geschrieben. Jeder Jugendliche bekommt einen Stift. Aufgabe ist es, Gedanken zu diesem Thema zu notieren. Dann lesen die Jugendlichen, was die anderen geschrieben haben und können ihre Kommentare, Anfragen und Meinungen zu den Statements der anderen hinzuschreiben. So entsteht nach und nach eine intensive Auseinandersetzung. Wichtig ist, dass hierbei nicht geredet werden darf. Dazu kann leise Musik im Hintergrund laufen.

Austauschrunde
Nach einer gewissen Zeit kommt die Gruppe zusammen und tauscht sich über das Geschriebene aus. Dabei kann versucht werden, Themengruppen zu finden. Dazu werden gleiche Themen mit einer Farbe umkringelt. Gibt es mehrere Gruppen, dann teilen sich diese anschließend knapp gegenseitig mit, was in ihrer Gruppe Thema war.

Das Pfingstereignis
Die Jugendlichen erhalten den Text des Pfingstereignisses (Apg 2,1–13). Sie haben verschiedene Möglichkeiten, mit dem Text umzugehen:
- Sie verfassen einen Augenzeugenbericht für eine Zeitung.
- Sie schreiben einen Brief aus der Sicht eines Jüngers, der Pfingsten miterlebt hat.
- Sie modellieren aus Ton eine Plastik zum Thema Pfingsten.

Austauschrunde
Nach ca. 30 Minuten kommen alle wieder zusammen. Unter Umständen werden Kleingruppen gebildet. Nun werden die Geschichten, Briefe und Skulpturen präsentiert.

Lied: Gottes Geist befreit zum Leben, Mein Liederbuch II B 200.

Biblische Lesung Joh 14,23–27: Trostworte an die Jünger.

Kurze Stille

Gemeinsames Gebet
Ohne den Heiligen Geist
ist Gott fern,
bleibt Christus
in der Vergangenheit,
ist das Evangelium
ein toter Buchstabe,
die Kirche ein bloßer Verein,
die Autorität eine Herrschaftsform,
die Mission Propaganda,
die Liturgie eine Geisterbeschwörung
und das christliche Leben
eine Sklavenmoral.   *Athenagoras*

Lied: Dein Geist weht wo er will, Wellenbrecher 18.

STATION: MEIN GLAUBE

Das apostolische Glaubensbekenntnis
Das apostolische Glaubensbekenntnis wird ausgeteilt. Dazu wird die Entstehungsgeschichte des Glaubensbekenntnisses kurz skizziert:
Schon in der Frühzeit wurden Christen immer wieder gefragt, was denn ihr Glaube sei, der sie zu einem solchen Lebensstil befähige. Die früheste und kürzeste Antwort drauf lautet: Jesus ist (der) Christus. In dieser Aussage ist eigentlich das ganze christliche Bekenntnis enthalten. Dennoch kamen zu diesem Bekenntnis bald ergänzende Glaubensaussagen hinzu. Schon bald entstand in der christlichen Gemeinschaft Streit über einzelne Formulierungen. Im Laufe dieses Streits kristallisierte sich nach und nach das so genannte apostolische Glaubensbekenntnis heraus. Dieses Bekenntnis haben alle christlichen Kirchen gemeinsam, das macht es so wertvoll. Allerdings ist es in einer Sprache verfasst, die heute nur wenige Menschen ohne Erklärung verstehen.

So hat jede Generation immer wieder die Aufgabe, ihren Glauben in die eigene Sprache zu übersetzen. Und das wollen wir jetzt versuchen, indem wir unsere eigenen Glaubensbekenntnisse schreiben wollen. Dazu versucht gleich jeder für sich, sein ganz persönliches Glaubensbekenntnis zu verfassen. Wichtig ist, dass ihr hinter dem stehen könnt, was ihr schreibt. Anschließend tauscht ihr eure Bekenntnisse in Dreiergruppen aus und versucht, aus euren Bekenntnissen ein Glaubensbekenntnis zu formulieren, hinter dem ihr alle als Gruppe stehen könnt.

Mein Glaubensbekenntnis
Zunächst schreibt jeder Jugendliche nun sein Bekenntnis. Anschließend bilden sich Dreier- oder Vierer-Gruppen. Die Gruppen haben die Aufgabe, aus den einzelnen Bekenntnissen der Gruppenmitglieder ein neues Bekenntnis zu verfassen. Auch dabei ist wichtig, dass am Ende jeder hinter dem Bekenntnis stehen kann

Austausch
Die Gruppen kommen wieder im Plenum zusammen (unter Umständen in Kleingruppen) und stellen den anderen ihre Glaubensbekenntnisse vor. Darauf findet ein Gespräch über den Entstehungsprozess der Bekenntnisse statt. Folgende Fragen sollen helfen, das Gespräch in Gang zu setzen:

- Wie erging es dir beim Formulieren deines Bekenntnisses?
- Konntet ihr euch in der Gruppe schnell einigen?
- An welchen Fragen hat es bei euch gehakt?
- Vermisst ihr in den Glaubensbekenntnissen etwas?
- Habt ihr beim Schreiben der Bekenntnisse etwas gelernt?

Abschluss

Die Jugendlichen versammeln sich im Kreis. Die »Produkte« der Nacht werden in die Mitte gelegt bzw. an einer gut sichtbaren Wand aufgehängt.

Lied: Ich glaube

T./ M.: Frank Reintgen

1. Ich glaube, dass wir Töchter und Söhne Gottes sind. Gott ist uns Mutter und Vater. Ich glaube an Gott.

2. Ich glaube, dass wir Schwestern und Brüder Gottes sind.
   Gott ist uns ein Bruder in Jesus Christ.

3. Ich glaube, dass wir Füße und Hände Gottes sind.
   Gott gibt uns Kraft durch den Heil'gen Geist.

Biblische Lesung Mk 6,6b–13: Die Aussendung der zwölf Jünger.

Bibelgespräch
Ich lade euch ein, Gedanken, die euch zu dieser Bibelstelle kommen, den anderen mitzuteilen. Vielleicht ist es nur ein Wort, das euch denkwürdig vorkommt. Vielleicht ein Satz, der euch aufhorchen lässt. Wer mag, kann gleich einfach das Wort ergreifen. Und das, was jemand sagt, soll einfach unkommentiert stehen bleiben. Eine Diskussion soll an dieser Stelle nicht stattfinden. Ich lese euch die Stelle nun noch einmal vor.

Gemeinsames Gebet
Ich lade dich am Ende dieser Nacht ein, noch einmal ruhig zu werden und in dich zu hören. Wenn du magst, kannst du gleich ein Teelicht anzünden und dabei den anderen mitteilen, was du für dich von dieser Nacht mit nach Hause nimmst, welche neuen Gedanken du in dir trägst, was dir die Nacht gebracht hat?

Die Jugendlichen, die mögen, nehmen nun jeweils ein Teelicht und stellen es in die Mitte. Dabei haben Sie die Möglichkeit, den anderen ihre Gedanken mitzuteilen. Dazwischen wird der folgende Liedruf gesungen:

Liedruf: Einsam bist du klein, Troubadour 755.

Vaterunser
Lasst uns an den Händen nehmen, lasst uns ganz handgreiflich spüren, dass wir Schwestern und Brüder sind. Wir alle sind Kinder Gottes, deshalb können wir so beten, wie Jesus es uns beigebracht hat. Vater unser ...

Segen
Am Ende einer langen Nacht sind wir müde geworden. Und doch spüren wir, dass dein Feuer in uns brennt. Und so beten wir:
Gott, Vater, führe uns den Weg, der hinführt zur wirklichen, nicht endenden Lebendigkeit.
Herr Jesus Christus, lass uns von dir lernen. Den wachen Blick, das richtige Wort und heilende Handeln.
Heiliger Geist, halte die Sehnsucht in uns wach, nach einer neuen Erde, in der Gerechtigkeit wohnt.
Dazu segne uns alle der gute und barmherzige Gott. Der Vater, der Sohn und der Heilige Geist. Amen.

Lied: Komm, lass diese Nacht nicht enden, Mein Liederbuch I B 92.

KOPIERVORLAGEN

STATION: GOTT

Mein Erlebnis mit Gott
Gott ist tot, sagte ein Mann zu einem Pater. Komisch, ich bin ihm gerade noch begegnet sagte der Pater. *(nach Lothar Zenetti)*

◆ Wie der Pater machen Menschen immer wieder die Erfahrung, dass Gott lebendig ist. Oder andersherum: Für den, der Gott nicht erlebt und erfährt, ist er tot.
◆ Aber wie kann ich Gott erleben? In der Bibel ist Gott oft in scheinbar alltäglichen Dingen zu erfahren: beim gemeinsamen Essen, im gemeinsamen Unterwegssein, in helfender Zuwendung …
◆ Es ist gut, wenn man sich immer wieder selber seine Gotteserfahrungen bewusst macht. Und das wollen wir jetzt tun.
◆ Denke einmal in Ruhe darüber nach, ob und wann du Gott in deinem Leben schon einmal gespürt, geahnt, erlebt … hast. Spür noch einmal nach, wie das war und dann versuche, einen Ausdruck für das zu finden, was du erfahren hast:
1. Du kannst ein Bild malen (Farben, Stifte, Blätter usw. liegen bereit)
oder:
2. Du kannst aus Ton etwas formen (Ton liegt bereit)
oder:
3. Du schreibst eine Kurzgeschichte oder ein Gedicht: Mein Erlebnis mit Gott (Papier und Stifte liegen bereit)
oder:
4. Du suchst dir einen Partner, mit dem du zu einem Austausch über deine Gedanken kommen möchtest
oder:
5. Du bemalst ein oder mehrere Dias (dazu liegen Dias und Folienstifte bereit)
oder:
6. Du liest in der Bibel. Bibelstellen, die von Gotteserfahrungen sprechen, sind Gen 32,23–33; Ex 3,1–15; Jer 1,4–10; Mt 25,31–46; Lk 10, 25–37 (Bibeln liegen bereit)

STATION: JESUS CHRISTUS

Die Biografie Gottes
Text bereitstellen
(Lebensbeschreibung, aus: Peter Handke: Prosa, Gedichte, Theaterstücke, © Suhrkamp Verlag, Frankfurt am Main 1969, auch in: Menschen-Leben-Träume. Der Firmkurs. Werkbuch für die BegleiterInnen der Jugendlichen, Herder 2001, S.79)

Du hast drei Möglichkeiten, dich mit dem Text auseinander zu setzen:

Möglichkeit 1: Versuche mit eigenen Worten eine Biografie Jesu zu schreiben. Rechtschreibung oder die Länge der Biografie spielt keine Rolle. Wichtig ist, dass deutlich wird, was du für die wesentlichen Stationen im Leben Jesu hältst.

Möglichkeit 2: Erstelle eine Collage. Auf der Collage sollen die aus deiner Sicht wichtigsten Stationen im Leben Jesu erkennbar sein.

Möglichkeit 3: Male eine oder mehrere Szenen aus dem Leben Jesu, die für dich Schlüsselszenen darstellen.

STATION: HEILIGER GEIST

Das Pfingstereignis (Apg 2,1–13)
Lies dir den Text in Ruhe noch einmal durch. Versuche, dich in die Situation der Jünger hineinzuversetzen. Stell dir vor, du wärst damals dabei gewesen. Wie mögen sich die Jünger gefühlt haben? Welche Veränderung wird mit ihnen geschehen sein?

Denke über den Text nach. Dann wähle aus den folgenden Angeboten das, was dich am meisten anspricht:

◆ Schreibe eine Reportage für eine Zeitung. Überleg dir dabei, ob du für ein seriöses Blatt schreiben willst oder für ein Boulevardblatt.

◆ Stell dir vor, du seiest einer der Jünger gewesen. Schreibe einem guten Freund einen Brief, in dem du mitteilst, was sich beim Pfingstereignis ereignet hat.

◆ Forme aus Ton eine Skulptur mit dem Titel »Das Pfingstereignis«.

STATION: MEIN GLAUBE

Das apostolische Glaubensbekenntnis
Ich glaube an Gott, den Vater,
den Allmächtigen,
den Schöpfer des Himmels und der Erden,
und an Jesus Christus,
seinen eingeborenen Sohn, unsern Herrn,
empfangen durch den Heiligen Geist,
geboren von der Jungfrau Maria,
gelitten unter Pontius Pilatus,
gekreuzigt, gestorben und begraben,
hinabgestiegen in das Reich des Todes,
am dritten Tage auferstanden von den Toten,
aufgefahren in den Himmel;
er sitzt zur Rechten Gottes, des allmächtigen Vaters;
von dort wird er kommen,
zu richten die Lebenden und die Toten.
Ich glaube an den Heiligen Geist,
die heilige katholische Kirche,
die Gemeinschaft der Heiligen,
Vergebung der Sünden,
Auferstehung der Toten
und das ewiges Leben. Amen.

Sag nicht, ich bin zu klein
Eine Messfeier zur Eröffnung der Firmvorbereitung

Vorbemerkungen
Die Jugendlichen, die am Firmkurs teilnehmen, sitzen nach Möglichkeit im Altarraum. Sollte das aufgrund der Zahl nicht möglich sein, so könnten die ersten Bankreihen für sie reserviert sein. Zumindest zum Hochgebet sollten dann alle Jugendlichen um den Altar versammelt sein.

Auch die Katecheten sollten hervorgehobene Plätze erhalten.

Für jede Jugendlichen wird eine weiße Kerze benötigt (ca. 5,5 cm Durchmesser, 30 cm Höhe).

An einer geeigneten Stelle in der Kirche wird eine Landschaft mit einem Weg aufgebaut, die während des ganzen Firmkurses stehen bleibt. Auf diesen Weg werden im Verlauf des Gottesdienstes die Kerzen der Jugendlichen gestellt.

Im Verlauf der Firmvorbereitung kann diese Landschaft immer wieder auch in den Gottesdienst mit einbezogen werden. (Die Jugendlichen gestalten ihre Kerzen mit Wachsplatten. Damit könnte ein Gottesdienst zum Thema »Farbe bekennen« verknüpft werden, oder im Firmgottesdienst selber sprechen die Jugendlichen das Glaubensbekenntnis mit diesen Kerzen in der Hand).

Lied zur Eröffnung: Komm her, freu dich mit uns, GL 519.

Für einige Jugendliche ist dieser Tag heute ein besonderer Tag. Heute beginnt für (*Anzahl*) Jugendliche die Zeit der Vorbereitung auf ihre Firmung.

An dieser Stelle kann etwas von dem Konzept der jeweiligen Firmvorbereitung eingeflochten werden (Wochenende, Gruppenarbeit, Projekte ...).

Glauben ist ein lebenslanger Lernweg. Nicht nur ihr Jugendlichen, sondern wir alle sind immer wieder auf der Suche nach einem Glauben, der sich im Alltag bewährt. Wir alle machen die Erfahrung von Glück und Freude, aber auch von Angst und Versagen. Wir alle sind heute hier mit unserer je eigenen Erfahrung. Mit dem, was uns geglückt ist, mit dem, was wir falsch gemacht haben.

Lasst uns einen Moment still werden und zur Ruhe kommen.

Kyrie
Herr Jesus Christus, du bist Mensch geworden und hast uns mit deinem Leben einen Weg gezeigt, wie unser Leben gelingen kann. Herr, erbarme dich!
Herr, erbarme dich!

Du hast Menschen in deine Nachfolge gerufen, dass sie mit dir am Reich Gottes bauen. Christus, erbarme dich!
Christus, erbarme dich!

Du bist gekommen zu heilen, was verwundet ist, und zu pflegen, was verletzt ist. Herr, erbarme dich!
Herr, erbarme dich!

Glorialied: Ich lobe meinen Gott, Unterwegs 161 oder: Zeige, dass du mich einstimmen lässt, Troubadour 135.

Tagesgebet
Barmherziger Gott, immer wieder suchst du die Nähe zu uns Menschen. Du willst, dass es uns Menschen gut geht. Lass uns in diesem Gottesdienst deine Gegenwart spüren. Sei du uns nahe, wenn wir dein Wort hören. Sei du in unserer Mitte, wenn wir dich mit unseren Liedern loben und deine Gegenwart unter uns feiern. Darum bitten wir dich durch Christus, unseren Bruder und Herrn. Amen.

Lesung Jer 1,4–10: Die Berufung Jeremias zum Propheten.

Lied: Lass uns in deinem Namen Herr, Liederbuch II, B 223.

Evangelium Joh 1,35–39: Die ersten Jünger.

Predigt
Stichworte für die Predigt könnten sein:
- ◆ Glaube ist ein lebenslanger Weg, der immer wieder Überraschungen bereit hält. Mit jeder neuen Erfahrung, die ich mache, wird auch mein Glaube ein Stück hinterfragt. Die Jugendlichen, die heute ihre Firm-

vorbereitung beginnen, machen genau das. Sie hinterfragen ihren Glauben. Und vielleicht wird der eine oder andere manche Überraschung erleben und von seinem alten Kinderglauben plötzlich zu einem ganz neuen erwachseneren Glauben finden.

◆ Wir gleichen oft dem Jeremia aus der ersten Lesung. Da ist vieles, was uns sehr zögern lässt, wenn von Glaube und Gott die Rede ist: Ich habe doch keine Ahnung worauf es ankommt beim Glauben. Mit Kirche will ich nichts zu tun haben ...

◆ Doch auch uns sagt Gott: Sag nicht, du bist zu klein, sag nicht, das geht dich nichts an, sag nicht, was habe ich damit zu tun. Lass dich ein auf das Abenteuer Gott. Da gibt es viel Überraschendes zu entdecken. Du gewinnst eine völlig neue, ungeahnte Lebensqualität.

◆ In uns ist aber nicht nur Abwehr bezüglich des Glaubens. Es ist da auch die Neugierde des Jüngers aus dem Evangelium. Meister, wo wohnst du? So fragten die beiden Jünger aus dem Evangelium. Und das sind eigentlich auch heute noch unsere Fragen an Kirche: Was läuft eigentlich bei euch? Mich lässt das doch nicht los? Ich will wissen, was es mit Gott, mit Jesus, mit dem Heiligen Geist auf sich hat ...

◆ Und Jesus sagt: Komm und sieh. Ich lade dich ein, mitzuleben, mitzuerleben, wie das ist, wenn man den Himmel auf Erden entdeckt. Ich lade dich ein, Erfahrungen zu machen. Ich lade dich ein, dein Leben mit mir zu teilen. Genau dazu lädt euch heute unsere Gemeinde ein: Ihr seid herzlich willkommen bei uns. Wir freuen uns, dass es euch gibt. Mit euch kommt ein Stück Lebendigkeit zu uns, das uns gut tut. Und vielleicht können wir euch etwas an Erfahrung weitergeben, die euch in eurem Leben weiterbringt.

◆ Auch wir als Gemeinde sind neugierig auf euch. Wir sind gespannt. Was seid ihr wohl für *Menschen*? Was mag euch wichtig sein in euerem *Leben*? Was sind eure *Träume*?

◆ Natürlich werdet ihr nicht alle Gemeindemitglieder kennen lernen können. Die Katecheten sind diejenigen aus unserer Gemeinde, die einen ganz besonderen Kontakt zu euch suchen. Sie werden euch bei den Gesprächen und Aktionen den kommenden Wochen begleiten. Und ich wünsche von Herzen, dass es für sie und für euch eine ganz besondere Zeit bleiben wird. Ich wünsche mir, dass der Funke der Begeisterung an Jesus und am Reich Gottes auf euch überspringen möge.

Übergabe der Kerzen
Ich bitte euch nun alle hier nach vorne in den Altarraum.
Jeder Jugendliche bekommt eine Kerze in die Hand.
Mit dem heutigen Tag fängt für euch der Firmkurs an. Die Firmung, das kann ein wichtiger Punkt auf eurem Weg als Christen werden. Schon bei der Taufe habt ihr eine Kerze bekommen, die allen zeigen sollte, dass ihr das Licht der Welt seid. In den kommenden Wochen sollen eure Kerzen, die wir jetzt entzünden, die Menschen, die hier in die Kirche kommen, daran erinnern, das ihr euch auf die Firmung vorbereitet. Sie sollen daran erinnern, dass da Jugendliche sind, die sich auf den Weg machen, ihren Glauben besser kennen zu lernen und zu überprüfen, ob er sie auch weiter in ihrem Leben trägt.

Nun werden die Jugendlichen eingeladen ihre Kerzen auf den Weg der gelegten Landschaft zu stellen.

Credo
Wir wollen nun das Glaubensbekenntnis sprechen, dass alle Christinnen und Christen auf der Welt vereint. Mit diesem Glaubensbekenntnis werdet ihr in den kommenden Wochen (Monaten) immer wieder konfrontiert. Es ist ein sehr alter Text, der nicht einfach zu verstehen ist. Und doch bekennen sich die Christen immer wieder zu diesem Glauben.

Ich glaube an Gott, den Vater, den Allmächtigen ...

Fürbitten
Nach Möglichkeit werden im Vorfeld zwei Jugendliche, zwei Elternteile, ein Pfarrgemeinderatsmitglied und ein Katechet angesprochen, Fürbitten zu formulieren. Wo das nicht möglich ist, können die folgenden Fürbitten helfen.
Dazwischen erfolgt der Liedruf: Alle eure Sorgen werft auf ihn, Mein Liederbuch I, B 116.

Jugendlicher: Es ist heute nicht einfach, sich zu Jesus und zum Glauben zu bekennen. Manches erscheint mir schwer verständlich. Lass uns unseren Glauben immer besser verstehen und begreifen lernen.
Liedruf: Alle eure Sorgen werft auf ihn.

Jugendlicher:	Ich bin gespannt, was mich im Firmkurs erwartet. Ich hoffe, dass diese Zeit für mich keine verlorene Zeit ist.
Liedruf:	Alle eure Sorgen werft auf ihn.
Elternteil:	Wir freuen uns darüber, dass unsere Kinder diesen Schritt wagen und am Firmkurs teilnehmen. Wir hoffen, dass unsere Kinder in der Zeit der Vorbereitung auf die Firmung einen tragfähigen Glauben kennen lernen können.
Liedruf:	Alle eure Sorgen werft auf ihn.
Elternteil:	Ich bitte für uns Eltern. Manchmal reiben wir uns an unseren Kindern, und nicht immer herrscht eine gute Atmosphäre in unseren Familien. Sei du uns gerade in solchen Situationen besonders nahe.
Liedruf:	Alle eure Sorgen werft auf ihn.
PGR-Mitglied:	Es ist immer wieder eine spannende Zeit für uns als Pfarrgemeinde, wenn sich Jugendliche auf die Firmung vorbereiten. Hilf uns, dass unsere Gemeinde ein Ort ist, an dem Jugendliche sich entfalten können.
Liedruf:	Alle eure Sorgen werft auf ihn.
Katecheten:	Wir Katecheten möchten den Jugendlichen gute Gesprächspartner sein. So bitte ich um viel Kraft, Fantasie und offene Ohren für uns Katecheten.
Liedruf:	Alle eure Sorgen werft auf ihn.

Lied zur Gabenbereitung
Wo es möglich ist, sollen die Jugendlichen selber den Altar mit Tischtuch, Blumenschmuck, Kerzen, Brot und Wein decken. Zum Hochgebet versammeln sich alle Jugendlichen und Katecheten mit um den Altar.

Lied: Wenn wir das Leben teilen, wie das täglich Brot, Unterwegs 47 oder: Er ist das Brot, Mein Liederbuch II B 162.

Lied zum Sanctus: Heilig unser Gott, Mein Liederbuch II 167 oder: Laudate omens gentes (Taizé), Mein Liederbuch II, 240.

Lied zur Brotbrechung: Du bist das Brot, das den Hunger stillt, Mein Liederbuch II 164.

Gebet
Da war sie wieder versammelt
Diese merkwürdige Tischgemeinschaft
Alt und Jung
Reich und Arm
Männer und Frauen
Konservative und Progressive
Ganz Fromme und scheinbar weniger Fromme

Eine merkwürdige Mischung
Die sich hier Sonntag für Sonntag
Woche für Woche trifft
Und der
Der da einlädt
Ist auch nach 2000 Jahren noch ungeheuer lebendig

Wenn ich es nicht mit eigenen Augen gesehen hätte
Dann würde ich sagen:
Da muss schon ein Wunder geschehen
Damit so etwas möglich ist

Segen
Lasst uns hinausgehen mit seinem Wort, ich bin bei euch.
Lasst uns hinausgehen mit der Erfahrung, er lebt in dir, in mir, in uns.
Lasst uns hinausgehen mit dem Traum von einem neuen Himmel und einer neuen Erde.
So segne uns alle der gute und barmherzige Gott. Der Vater, der Sohn und der Heilige Geist. Amen.

Schlusslied: Geh in deinen Alltag (s. S. 75) oder:
Die Zeit zu beginnen , Mein Liederbuch II 173.

Drachen sollen fliegen
Ein Firmgottesdienst

Vorbemerkungen
- CD-Player
- Song »Drachen sollen fliegen« von PUR (z.b. auf der CD »Hits Pur: Zwanzig Jahre«)
- Für die Meditation nach dem Tagesgebet werden kleine Ansteckdrachen benötigt. Diese Drachen sind erhältlich bei der KJG Aachen, Veltmannplatz 17, 52062 Aachen, Tel. 0241/35476.
- Es ist auch denkbar, einen großen Drachen gut sichtbar im Altarraum als Anschauungsobjekt aufzustellen.

Eingangslied: Löscht den Geist nicht aus, Unterwegs 120 oder: Manchmal feiern wir mitten am Tag, Unterwegs 30.

Begrüßung des Bischof durch den Pfarrer
Der Pfarrer heißt den Bischof willkommen.

Begrüßung des Bischofs durch einen Firmling
Der folgende Text muss entsprechend den örtlichen Gegebenheiten und entsprechend des jeweiligen Konzeptes modifiziert werden.

Sehr geehrter Herr Bischof (Name). Wir haben uns lange auf diesen Tag vorbereitet. Wir haben in der Vorbereitungszeit viel gemeinsam erlebt, miteinander diskutiert und uns mit unserem Glauben auseinander gesetzt. Dabei haben wir gespürt, dass Gottes guter, heilender Geist auch heute noch weht. Von ihm wollen wir uns begeistern lassen. Deshalb freuen wir uns, dass sie heute mit uns unsere Firmung feiern wollen.

Kyrie
Herr Jesus Christus, du bist Mensch geworden, einer von uns. Du kennst unsere Ängste und unsere Freuden, unsere Sorgen und das, was wir wirklich zum Leben brauchen.
Liedruf: Herr, erbarme dich, Unterwegs 159.

Herr Jesus Christus, du hast uns gezeigt, wie unser Leben gelingen kann.
Liedruf: Herr, erbarme dich.

Herr Jesus Christus, du hast in uns die Sehnsucht nach einem neuen Himmel und einer neuen Erde geweckt.
Liedruf: Herr, erbarme dich.

Gloria: Ich lobe meinen Gott, Unterwegs 161 oder:
Taizeruf: Gloria in excelsis deo, Unterwegs 156.

Tagesgebet
Wir bitten dich, gütiger Gott, erfülle an uns, was du versprochen hast. Der Heilige Geist komme auf uns herab und mache uns vor der Welt zu Zeugen für das Evangelium deines Sohnes, unseres Herrn Jesus Christus, der in der Einheit des Heiligen Geistes mit dir lebt und herrscht in alle Ewigkeit.

Drachenmeditation
Die Gottesdienst-Teilnehmer werden eingeladen, ihre kleinen Drachen in die Hand zu nehmen. Und sich diese Drachen in Ruhe anzuschauen.
Dazu wird zunächst der Song »Drachen sollen fliegen« von PUR eingespielt. Dann wird der folgende Text mit verteilten Rollen gelesen.

Sprecher 1: Drachen fliegen an einer Leine. Sie sind frei, und doch halten sie durch eine Kordel Kontakt zum Boden und zur Wirklichkeit. Gott möchte uns als freie, selbstbewusste Menschen. Und doch brauchen wir einen Halt, damit uns das Leben nicht irgendwo hintreibt.

Sprecher 2: Diese Drachen werden gehalten durch ein Kreuz dünner Stäbe. Wir brauchen unser Kreuz, um aufrecht gehen zu können. Auch im übertragenen Sinn: Wer sich nicht verbiegen lassen will, muss ein starkes Rückgrat haben, braucht ein starkes Kreuz. Wer konsequent lebt, der wird immer wieder anecken, der wird immer wieder auch schmerzhafte Erfahrungen machen.

Sprecher 3: Dieser Drache ist von der Flüchtlingsinitiative »Taller de vida« (= Lebenswerkstatt) in Bogota (Kolumbien) gefertigt worden. Mit der Herstellung solchen Schmucks finanziert diese Initiative ihre Arbeit für ein gerechtes und lebenswertes Kolumbien. So kann dieser Drache zum Zeichen einer weltweiten Solidarität werden. Wir wissen darum, dass alle Menschen Töchter und Söhne Gottes sind. Wir wissen darum, dass wir ein große Familie sind: Brüder und Schwerstern.

Sprecher 4: All dies ist uns in den letzten Wochen noch einmal ganz deutlich bewusst geworden. Und das ist der Grund, warum wir gefirmt werden möchten: Weil wir daran glauben, dass Gott für uns und alle Menschen Leben in Fülle bereit hält. Weil wir darauf bauen, dass wir am Beispiel Jesu lernen können, wie unser Leben gelingen kann. Weil darauf vertrauen, dass sein Heiliger Geist auch uns die Kraft gibt, am Reich Gottes mitzubauen.

Lesung Röm 8,14–17: Das Leben der Christen im Geist.

Lied: Dein Geist weht, wo er will, Wellenbrecher 18.

Evangelium Joh 14,26–28: Trostworte an die Jünger.

Predigt

Firmung

Lied nach dem Glaubensbekenntnis der Jugendlichen: Ich glaube (s. S. 169) oder: In Gottes Namen wollen wir finden, was verloren ist, Wellenbrecher 37.

Fürbitten

Barmherziger Gott, du beschenkst uns immer wieder neu mit deinem Geist. Wo dein Geist ist, da geschieht Heilung und Veränderung. Wo dein Geist ist, da wächst neues Leben. Deshalb bitten wir dich:

Sprecher 1   Ein Drache braucht ein stabiles Kreuz, das dem Wind trotzt. Wir bitten für die Menschen, die für die Liebe unter den Menschen einstehen. Die sich nicht verbiegen lassen. Schenke ihnen ein starkes Rückgrat. Denn zu sich und zu dem zu stehen, was man glaubt und fühlt, ist nicht immer einfach.

Sprecher 2:   Ein Drache lässt sich treiben vom Wind. Wir bitten für die Menschen, die die Lust am Leben verloren haben. Dass sie die mitreißende Kraft des Geistes Gottes spüren. Er möge die Kraft sein, die sie antreibt.

Sprecher 3:   Ein Drache braucht die Schnur, die ihn auf Kurs hält. Wir bitten für die Menschen, die in ihrem Leben die Orientierung verloren haben. Schenke ihnen den Geist der Klarheit. Lass sie zu einem sinnvollen Leben finden.

Sprecher 4:   Ein Drache ist immer in Bewegung, nie bleibt es auf der Stelle stehen. Wir bitten für uns alle, dass wir uns immer wieder wachrütteln lassen vom Geist der Veränderung. Dass wir nicht die Lust verlieren, Neues zu entdecken und zu erleben.

Lied zur Gabenbereitung: Wenn das Brot, das wir teilen, Unterwegs 130 oder: Herr, wir bringen in Brot und Wein, Unterwegs 178.

Hochgebet
Zum Hochgebet versammeln sich die Jugendlichen um den Altar.

Sanctus: Heiligkanon, Unterwegs 187.

Vaterunser

Friedensgruß: Unfriede herrscht auf der Erde, Wellenbrecher 114.

Kommunion

Gebet eines Jugendlichen
Drachen
eine bunte Fläche
gewoben
um ein Kreuz aus Holz
ein Kreuz
das Halt gibt

gemacht
den Himmel zu erklimmen
die Freiheit zu spüren

gemacht
sich treiben zu lassen vom Wind
und doch den Kontakt zum Boden nicht verlierend

ja, wie so ein Drache sein
von Gottes Geist getrieben
von Gottes Geist mitgerissen
im Himmel den Kontakt zur Erde nicht verlierend
ja, wie ein Drache sein

Schlussgebet
Vorlage aus dem Messbuch oder das folgende Gebet.

Barmherziger Gott, erfüllt mit deinem Geist stehen wir am Ende dieses Gottesdienstes. Wir danken dir, dass du uns immer wieder stärkst mit deinem Wort, dass du uns nahe sein willst beim gemeinsamen Mahl. Bleibe du weiter ein treuer Wegbegleiter unseres Lebens. Darum bitten wir dich durch Christus, unseren Bruder und Herrn. Amen.

Segen

V: Der Herr segne und behüte euch; der Herr lasse sein Angesicht über euch leuchten und sei euch gnädig; er wende euch sein Antlitz zu und schenke euch seinen Frieden.
A: Amen
V: Das gewähre euch der dreieinige Gott, der Vater, der Sohn und der Heilige Geist.
A: Amen.

Lied zum Auszug: Geh in deinen Alltag (s. S. 75) oder:
Entdeck bei mir, entdeck bei dir, Wellenbrecher 135.

Menschen-Leben-Träume
Ein Firmgottesdienst

Vorbemerkung
Der Firmgottesdienst ist stark geprägt durch den Ritus der Sakramentenfeier. Der vorliegende Entwurf setzt darüber hinaus zwei Akzente. Zum einen erinnert er durch das Entzünden der Taufkerzen daran, dass im Firmritus fortgesetzt (bzw. bestärkt) wird, was im Wasserritus der Taufe begonnen (bzw. stellvertretend von Eltern und Taufpaten festgelegt) wurde. Zum anderen greifen die Jugendlichen im Einführungsteil des Gottesdienstes Elemente der Firmvorbereitung auf und verbinden diese mit der Sakramentenfeier.

Einzug
Der Bischof zieht gemeinsam mit den Firmlingen durch das Hauptportal in die Kirche ein. Die Firmlinge tragen ihre Taufkerze.

Lied: Herr unser Herr, wie bist du zugegen, GL 298.

Impuls: Menschen
Sprecher 1: In den vergangenen Wochen haben wir uns auf die heutige Firmfeier vorbereitet. Wichtig war uns dabei das Stichwort »Menschen«. Wir haben intensiv über unser Leben nachgedacht und dabei auf unser eigenes Menschsein geschaut. Und wir haben das Menschsein Gottes in Jesus Christus entdeckt. Er ist es, der uns Menschen den Beistand seines Geistes versprochen hat, als er sagte: »Wenn aber jener kommt, der Geist der Wahrheit, wird er euch in die ganze Wahrheit führen.« (Joh 16,13)

Stille

Impuls: Leben
Sprecher 2: Wichtig war uns, dass wir uns im Rahmen der Firmvorbereitung mit unserem eigenen Leben auseinander setzen

Stille
konnten. Wir haben uns selbst besser kennen gelernt. Wir haben Glaubensspuren in unserem Leben entdeckt. Und wir haben von Jesus Christus gehört, der von sich sagt: »Ich bin das Brot des Lebens; wer zu mir kommt, wird nie mehr hungern, und wer an mich glaubt, wird nie mehr Durst haben.« (Joh 6,35)

Impuls: Träume
Sprecher 3: Es tat gut, im Rahmen der Firmvorbereitung auch über unsere Lebenspläne nachzudenken. Wir haben über unsere Lebensträume gesprochen und dabei gemerkt, dass wir alle Träume von einer Zukunft haben, in der wir unser Leben nach unseren Vorstellungen gestalten dürfen. Und wir haben erfahren, dass wir unseren Träumen trauen dürfen, weil ihnen eines Tages die Zukunft gehört. So wie Joël, ein Prophet des Alten Testamentes, gesagt hat: Ich werde von meinem Geist ausgießen über alles Fleisch. Eure Söhne und eure Töchter werden Propheten sein, eure jungen Männer werden Visionen haben, und eure Alten werden Träume haben. (Vgl. Joël 3,1–5; Apg 2,17)

Kyrie
Guter Gott, dir sind wir bei der Vorbereitung auf das Sakrament der Firmung immer wieder begegnet.
Kyrie eleison
Guter Gott, dir dürfen wir so begegnen, wie wir sind: Mit unseren Ängsten, Sorgen und Unsicherheiten.
Christe eleison
Guter Gott, du sendest uns deinen Heiligen Geist, den Christus uns versprochen hat.
Kyrie eleison

Gloria: Ich lobe meinen Gott, Unterwegs 161.

Lesung Apg 4,32–35: Die Gütergemeinschaft der Urgemeinde.

Lied: Da berühren sich Himmel und Erde, Unterwegs 109.

Evangelium Mt 4,18–22: Die Berufung der ersten Jünger.

Predigt

Glaubensbekenntnis

Gebet des Bischofs
Der Bischof breitet die Hände aus und betet:
 Allmächtiger Gott, Vater unseres Herrn Jesus Christus, du hast diese jungen Christen in der Taufe von aller Schuld befreit, du hast ihnen aus dem Wasser und dem Heiligen Geist neues Leben geschenkt. Wir bitten dich, Herr, sende ihnen den Heiligen Geist, den Beistand. Gib ihnen den Geist der Weisheit und der Einsicht, des Rates, der Erkenntnis und der Stärke, den Geist der Frömmigkeit und der Gottesfurcht. Durch Christus, unseren Herrn. Amen.

Chrisam-Salbung
Die Firmlinge kommen zum Bischof. Sie werden von ihren Paten begleitet, die ihnen die rechte Hand auf die Schulter legen. Der Bischof taucht den rechten Daumen in den Chrisam und zeichnet damit auf die Stirn des Firmlings ein Kreuz und spricht:
Sei besiegelt durch die Gabe Gottes, den Heiligen Geist.
Anschließend wünscht er dem Firmling den Frieden:
Der Friede sei mit dir.

Entzünden der Kerze
Nach der Handauflegung und Salbung durch den Bischof nimmt jeder Firmling seine Taufkerze (alternativ die Firmkerze, die von den Jugendlichen zu Beginn der Firmvorbereitung gestaltet wurde, siehe Gottesdienst »Sag nicht, ich bin zu klein«), geht damit zur brennenden Osterkerze und entzündet an ihr nun seine Taufkerze.

Lied: Ich glaube (s. S. 169).

Fürbitten
Einige Firmlinge, Eltern und Katecheten tragen die Fürbitten vor.

Wir bitten für alle Jugendlichen, die heute das Sakrament der Firmung empfangen haben. Dass sie in der Kirche eine Heimat finden.
Wir bitten dich, erhöre uns

Wir bitten dich für die Eltern. Dass sie bereit sind, ihren Kindern von ihrem eigenen Glauben zu erzählen und abzugeben.
Wir bitten dich, erhöre uns

Wir bitten dich für unsere Gemeinde. Dass sie ein Ort ist, an dem sich Jugendliche wohl fühlen und den junge Menschen gerne mitgestalten.
Wir bitten dich, erhöre uns

Wir bitten dich für unsere Kirche. Dass sie sich vom Elan dieser Jugendlichen anstecken lässt und neuen Ideen gegenüber aufgeschlossen ist.
Wir bitten dich, erhöre uns

Guter Gott, wo dein Geist weht, können Menschen miteinander leben. Dafür danken wir dir durch Christus, unseren Herrn. Amen.

Lied: Dir bringen wir, Ruhama: Eine Welt: Ein Werkheft, missio – Aachen 2000, Titel 13.

Gabenbereitung

Hochgebet

Vaterunser

Friedensgruß
Nach dem Friedensgruß des Bischofs geben sich die Firmlinge untereinander die Hand und wünschen sich den Frieden. Anschließend gehen die Firmlinge zu ihren Eltern, Geschwistern und Verwandten und reichen ihnen den Gruß weiter. Auch die Gemeinde teilt den Friedensgruß.

Kommunion

Danklied: Mit meinem Gott, Troubadour 609.

Segen
Der Name des Herrn sei gepriesen.
Von nun an bis in Ewigkeit.
Unsere Hilfe ist im Namen des Herrn,
der Himmel und Erde erschaffen hat.

Es segne euch der allmächtige Gott,
der Vater und der Sohn und der Heilige Geist.
Amen.

Lied: Nun singe Lob, du Christenheit, GL 638.

Der neue Firmkurs:
zeitgemäß – praxiserprobt – ideenreich – variabel und nach den Situationsbedürfnissen gestaltbar

Das Begleitbuch für die Jugendlichen

Menschen – Leben – Träume
Der Firmkurs – Texte, Lieder, Bilder für junge Menschen auf dem Weg
96 Seiten, Paperback,
ISBN 3-451-27458-2

Die CD. Popmusik mit religiösem Tiefgang

Menschen – Leben – Träume
Die CD – Laufzeit ca. 45 Min.
ISBN 3-451-31029-5

Das Kursbuch für die FirmbegleiterInnen

Klaus Vellguth / Frank Reintgen
Menschen – Leben – Träume
Der Firmkurs – Werkbuch für die BegleiterInnen der Jugendlichen
192 Seiten, Paperback,
ISBN 3-451-27457-4

Der neue Kurs bietet 45 Bausteine oder »Wegstrecken« an, auf denen Jugendliche ihren Glauben neu zur Sprache bringen können – in ihrer Sprache. Jede der praxisorientierten Wegstrecken ist methodisch-didaktisch ausgearbeitet und kann als eigenständige Einheit direkt beschritten werden.
Die Strecken führen ein in die Auseinandersetzung mit der eigenen Identität, in die Frage nach Gott, Jesus Christus, Heiligem Geist und Kirche.
Dieser Firmkurs gibt inhaltlich und didaktisch erstklassiges Material an die Hand.

In jeder Buchhandlung

HERDER